佛教

禪
與創新

董群 著

東大圖書公司

自 序

　　近十多年來，我聽到的一個頻度極高的辭彙就是創新，當然一般所講的創新主要指技術創新、制度創新、管理創新等等。記得有一次我校一位工科的老教授對我講了這樣的看法：禪宗當中也有創新思想，希望我專門開一門選修課，給大學生講禪宗的創新。雖然一直沒有開這門課，但這個選題的研究想法逐漸加深了，當時想的是從創造性思維或創新思維入手，專門研究禪的創造性思維。

　　大概是 2000 下半年，東大圖書公司派員到大陸來約「宗教文庫」的稿子，到南京後給我打電話。我沒有選「規畫書」中的選題，而是提出了「禪與創造性思維」這個選題設想，馬上得到採納。簽約之後的幾年裡，我沒有急著寫，而是著重瞭解學術界關於創新和創造性思維的研究成果，買了一批書，研究思考了好幾年。這涉及到「創造學」和思維科學的前沿。我們學校有一個由院士領導的專門研究「學習科學」的研究所，國際交往廣泛，主要是用現代科學技術手段研究學習過程中大腦的活動機制，特別以兒童為研究對象，又稱「腦科學」。我聽了他們的學術報告後，直觀地瞭解到思維活動過程中大腦的圖像，很受啟發。國外有對於坐禪、信佛者

的大腦研究，如果將這些成果和創造性思維過程中大腦的活動研究結合起來，運用到這個題目的研究中，就比較新穎。但這比較複雜，暫時完成不了，最後還是用以南宗禪為主的資料進行研究。

　　初步完稿後，發現用現在的題目「禪與創新」似乎更合適，再和出版社商量是否改成這個題目，出版社完全尊重我的意見，這樣就有現在的這本小冊子。但是原來那個「禪與創造性思維」的選題仍然在斷斷續續地研究。在寫作上，儘量依照要求，做到「平實易懂、親切可讀」，能否達到這一點，只能由讀者來判定了。

　　必須說明的是在考慮禪的創新問題時應當注意到創新和繼承的關係，一種是繼承傳統之精華基礎上的創新，這特別在綜合創新中體現出來，另一種是與傳統在一定程度的斷裂基礎上的創新，這特別在綜合創新中體現出來。

董　群

2007 年 5 月 25 日於南京

禪與創新

目次

導　言

釋迦老子豈不是師？
達摩大師豈不是師？

　　本書結合禪宗來討論創新及與此相關的創造性思維問題。

　　「創新」(innovation) 是當今世界非常流行的一個詞彙，也是一種非常重要的觀念，更是人們實踐探索的重要對象。創新已經成為各個領域的基本理念，因而也有了涉及不同領域的創新，諸如經濟創新、技術創新、管理創新、制度創新等等。創新對於一個人，一個企業，乃至對於一個民族來講，都具有重要的意義。一個沒有創新意識的人，很難說在事業上能有多大的成就。一個沒有創新意識的企業，很難在激烈的市場競爭中長盛不衰，創新能力有多大，企業的發展就有多大。一個沒有創新意識的民族，很難在世界民族之林中成為強者，一個有創新意識和能力的民族，才是可持續（永續）發展的民族。從某種程度上說，創新創造了人生，創新改變了命運。

　　從西方世界理論根源來說，當代著名美籍奧地利經濟學家熊彼特 (J. A. Schumpeter, 1883～1950) 在其出版於 1912 年的德文版《經濟發展理論》(*Theorie der wirtschaftlichen Entwicklung*) 中首先提出「創新理論」(Innovation Theory)，他是站在經濟學的視角提出創新論的。依照他的看法，「創新」是把一種從來沒有過的關於生產要素和生產條件的「新組合」引入生產體系，「新組合」包括以下五種情況：引進新產品、引用新技術、開闢新市場、控制原材料的新供應來源、實現企業的新組織。現在更流行的討論領域是技術創新，人們熱

衷於從高新技術的角度談論或從事創新。

　　如果要從詞源的角度追究，在拉丁文裡，創新 (innovare) 是由「內」(in) 和「更新」(novare) 兩層意義組成的，是基於內在的更新衝動。中文裡，一個「創」字，已經包含了創造、創新的含義。

　　一般地理解，創新是有益於人類物質生活、制度生活和精神生活的新價值、方法、觀念的創造，包含最基本的兩個要素，一是對於舊傳統的批判，二是對於舊傳統的超越。創新具有不同的類型，包括原始創新、綜合創新、模仿創新、制度創新等等。原始創新強調的是前所未有，綜合創新強調的是整合，模仿創新要辯證處理繼承傳統和推陳出新的關係，在繼承基礎上創新，制度創新則強調從體制或制度著手實施創新。

　　創新的基礎在於創造性思維或「創新性思維」(productive thinking)，創造性思維是批判性和創新性的思維，其表現形式包括了直覺思維、靈感思維、中道思維、懷疑思維、求異思維、隱喻思維、形象思維等多種不同類型，這種思維與常規性的思維有著不同的特點，體現著對於邏輯和理性思維的超越。

　　本書的任務不是介紹這些創新和創造性思維的基本理論，而是要介紹禪宗之禪的創新實踐、理論和創造性思維的內容。所要表明的是這樣的觀點：禪宗是創新的宗教，禪宗的思維方式體現著豐富而獨特的創造性思維方法。本書是從

創新和創造性思維的角度介紹禪宗，為什麼要這樣寫呢？這要從禪宗的發展和中國禪師理解的禪說起。

「禪」是一個梵語和巴利語音譯概念的簡稱，全稱是「禪那」（梵文 dhyāna），意思是「靜慮」、「思維修」。所謂靜慮，即寂靜思慮，指通過特殊的方式，使思維專注於某一對象，進入寂靜狀態，並在此狀態中進行思維觀照。從這個意義上說，也是一種思維修習，一般也將其和「定」通稱，而有「禪定」一語，英文將其譯為 "meditation" 或 "concentration"。從印度佛教到中國佛教，禪是一個共同的修持項目，小乘佛教三學之中，這一內容稱為定學，大乘六度之中，這一內容稱為禪定度。中國佛教則用禪概括全部的修習，從而發展出禪宗。

禪宗從菩提達摩（？～536，一說 528）創宗，經歷五祖傳承，到弘忍 (601～674) 門下，分為南北兩系，北宗的流派發展出神秀系、淨眾系、保唐系等等；南宗以六祖惠能 (638～713) 為開宗，經過超佛越祖的發展，形成南嶽系和青原系兩支，衍生出五家七宗，其中以臨濟宗和曹洞宗影響最大，尤其是臨濟宗，有「臨天下，曹一角」之說。禪在此發展脈絡之中，體現出來的一個核心特點就是創新，其思維特色就是創造性思維。

唐代禪師百丈懷海 (720～814) 對禪的創新提出要求，他說：「見與師齊，減師半德；見過於師，方堪傳授。」這成為禪門共識，如溈仰宗創始人之一靈祐禪師 (771～853) 也持此

論。這就要求一代超過一代，代代有創新。北宋臨濟宗楊岐派高僧佛果克勤（1063～1135）說，「見過於師」中的這個「師」，不只是自己的傳授業師，更是指佛祖和達摩：「釋迦老子豈不是師？達摩大師豈不是師？」要超越這些禪師，只有靠創新。禪宗又強調「竿頭進步」，即百尺竿頭，更進一步。一般認為百尺竿頭已經到頂了，沒有創新的空間了，但禪宗在此還要再進步，這才是禪的魅力之所在。要做到這一點，也只有靠創新。

那麼中國禪師理解的禪是什麼呢？唐代華嚴宗和禪宗高僧圭峰宗密（780～841）在《禪源諸詮集都序》中對禪的解釋是「中華翻為思維修，亦名靜慮，皆定慧之通稱也」，強調從定慧兩個方面來理解禪，而不是單純就定論禪。禪門中更為流行的是一個隱喻性解釋，即《宗門武庫》中講的賊父教子的故事。

北宋臨濟宗楊岐派禪僧五祖法演禪師（?～1104）曾對弟子說：

在我這裡禪像個什麼呢？就如同有一家人，父親是做賊的，他兒子有一天想道：父親年老之後，我有什麼辦法來養家呢？必須學一個本事才行。於是對他的父親說了這個想法，他父親說：「好的。」於是在一天夜裡將他兒子帶到一家富戶，翻牆入室，打開一個櫃子叫兒子進去拿衣帛，兒子纔入櫃，父親就關閉櫃門，故意在屋裡扣打出聲，使那家人受驚而醒，自己卻先翻牆走了。那家人都起來了，點火一照，知道有賊

來過，但已經走了。老賊的兒子在櫃中自言自語道：「我父親為何要這樣對待我？」正在悶悶不樂之時，他心中忽然生出一計，模仿老鼠咬物件的聲音。那家人派婢女點燈開櫃，一打開櫃門，賊兒就聳身把燈吹滅，推倒女僕就逃出去。那家人追趕到半道，賊兒忽然看見一口井，就把鞋放在井邊，把一塊大石頭推落入井。那些人到了井邊，以為他已經掉入井中，就放棄追捕，回家去了。賊兒徑直跑回家，追問他父親，為什麼要這樣對待他，賊父說：「你不要責問我，你跟我說說究竟如何逃出來呢？」賊兒就把整個過程說了一遍。賊父說：「你能這樣做就是學到本領了。」

　　法演禪師認為，這就是禪。那麼這是什麼禪？和禪的「靜慮」定義似乎不完全相符？然而，這恰恰就是中國禪，禪宗之禪，南宗之禪。從方法上講，這種禪是要解決問題、困難的，禪要面對的情景、處理的事情、解決的問題，往往不是常態的，而經常是突發性、從來沒有遇見過且非常困難的，你要在急中生智的情景中，不能允許有一絲一毫的拖延，「不容擬議」地當下就要提出解決的方案。而解決問題的方法也不是一成不變的，要針對具體的情境做出具體處理。如果說其中有什麼規律性的存在，那就是創新，要以創新意識或創造性思維解決問題。這就是中國禪的「思維修」，即「創造性思維的修練」，作為定慧之通稱；其慧，是創造性的智慧，其定，是創新的實踐。

　　談到禪所要解決的問題的困難性和特殊性，禪宗歷史中

有許多公案來說明這一點，比如有一則稱「香嚴上樹」，唐代香嚴智閒禪師 (?～898) 設定了這樣一個禪的情景：有人上樹，口銜著樹枝，懸於空中，手不攀枝，腳不踏地。這時樹下有人問「什麼是祖師西來意」這樣重要的問題，如果不回答他，不符合禮節，違背了他提問的宗旨，如果回答他，則會掉下來摔死，如何處理這種兩難呢？又比如，唐末的芭蕉慧清禪師（生卒年不詳）設定了這樣的情景：如同有人行路時，忽然遇到前面是萬丈深坑，背後有野火來逼，兩畔是荊棘叢林，如果向前走，則墮入深坑，如果退後，則有野火燒身，如果轉身往兩邊，則被荊棘林阻礙，這樣的情形下，如何處理呢？唐代禪僧投子大同 (819～914) 則設定了這樣的條件：「不許夜行，投明須到。」夜裡不許行路，但天亮時必須到達目的地。這如何才能達到？禪宗又把這種創新描述為「官不容針，私通車馬」，官府的禁令已經非常嚴密，哪怕是一根細針都通過不了關卡，但在這樣的困難情況下又要能夠想辦法將車馬自由地通過。正因為有這樣的困難性，才需要禪的智慧、禪的創新，禪的創造性的魅力也在於此。

禪宗把這種創新稱為「無路中有路」，在無路處尋出道路來，無出身處求出身處，絕地求生，懸崖邊撒手，在山重水複疑無路之處，尋求柳暗花明又一村，曹洞宗中有「無中有路出塵埃」之說，正體現了這一意思。禪宗又把創新稱為「轉身」，創新的方法稱「轉身處」。什麼是轉身處？佛果克勤在《碧巖錄》中說：「若向無言處言得，行不得處行得，謂之轉

身處。」實際上也是講的無路中尋個出身之路。禪宗叢林中討論問題，學僧們常常要問一個：「什麼是學人轉身處?」這也有探討創新方法之意。禪師常常要問學僧：「轉身一路，又作麼生?」啟發學人的創新意識。禪師稱讚某僧有創新觀念，則說「這僧有轉身處」。

創新並不是一件容易的事，但一旦有所創新，則會進入一個新的境界，正如宋代曹洞宗高僧宏智正覺禪師 (1091～1157) 所說：「功勳密處轉身難，轉後家風又覺寬。」創新的方法，禪宗又稱為「向上關板子」，禪僧常常會問一句「如何是和尚關板子」，也有問禪師有何創新之處的含義。禪宗強調，創新並不只是一些不變的方法，而要針對具體的時節因緣而靈活處理，是所謂「竿木隨身，逢場作戲」、「轉身須分活路」、「大用現前不存軌則」等等。

本書在寫作的內容方面，首先從歷史的角度簡要敘述禪的創新歷史，表達這樣的觀點：禪的歷史就是一個創新史。具體的內容，涉及到從達摩到弘忍門下的如來禪創新、惠能禪法的創新、惠能門下到五家分燈之前的祖師禪的創新、五家分燈禪的創新。這一歷史，涉及了從禪宗創立到高峰階段的發展，體現出非常豐富的創新理念，是為研究的重點。

其次討論的是禪的創新的特點，在創新理論的研究中，許多研究者概括出了創新的特點，但禪的創新又有其獨特之處，可以將其歸納為社會觀照、文化關懷、批判意識、否認權威、超越精神等等。

　　第三要討論的是禪的創新類型，在創新理論的研究中，研究者也歸納出了創新的不同類型，包括綜合創新、原始創新、個性化創新、模仿創新、制度創新等，禪的創新和這些類型有相似之處，但內容的表達是非常獨特的。

　　第四要討論的是禪的創造性思維類型，要表達的基本理念是，禪的創造性思維是其創新的基礎。在創造性思維原理的研究中，研究者們也歸納出了不同的創造性思維類型，但禪的創造性思維又呈現出更多的獨特之處，一切都體現在頓悟之中。頓悟反映的思維包括了直覺思維、靈感思維、中道思維、懷疑思維、求異思維、隱喻思維等不同的創造性思維類型，這是對人類思維最有啟發之處，是一個巨大的寶庫，有待於進一步開發其積極的價值，本書只是對此作一些簡要的介紹。

　　第五討論的是禪的創造性思維之養成，從修行者自力養成和教學者的他力養成兩方面來談，體現了禪宗關於創造性思維養成方面，以自力為主他力為輔的二力結合說。

　　創新理論和創造性思維理論在中外都有所研究，從一些研究結論看，許多方法和類型在禪宗中已經存在過，但後人缺乏對此的關注和重視，希望這本小冊子能夠對人們瞭解並進一步探討禪宗的創新和創造性思維有所啟發。

第一章

創新是禪的生命

「如何是禪?」

「礫磚。」

「如何是道?」

「木頭。」

　　禪雖然是小乘佛教和大乘佛教、印度佛教和中國佛教共修的內容，也被區分為印度禪和中國禪，但更體現創新特色的是中國的禪宗。創新是禪的生命，這要從兩個方面來說。第一，就禪宗自身來說，對創新的追求使得禪門宗風各異，精彩紛呈，也是禪宗得以發展的重要因素；反之，創新力的減弱同時也體現著禪宗的衰落。第二，就禪宗和其他宗派的比較來說，在唐代末年，同樣是經歷了會昌法難，有些宗派的影響消失了（比如唯識宗），有些宗派被大大削弱了（比如天臺宗和華嚴宗），有些甚至在此之前就已經後繼乏人了（比如三論宗），禪宗卻能夠繼續繁榮，原因之一就在於禪宗能夠觀照中國社會，發展出適應中國社會、中國人的文化心理的宗教。不妨可以從達摩到禪宗五家，對禪宗從創始到高峰發展階段作一個全境式的觀察，來瞭解其創新的歷程和不同內容。

一、如來清淨禪的創新

　　「如來清淨禪」是宗密對於禪的區別所用的概念，指達摩所傳的禪法，為最高類型的禪法，在此之前的禪法有外道禪、凡夫禪、小乘禪、大乘禪。這些禪法的根本特徵是修「四禪八定」，如來清淨禪則與此有根本的不同，宗密在《禪源諸詮集都序》卷一描述為「唯達摩所傳者，頓同佛體，迥異諸

門」。所謂「迥異諸門」，即是指其和各門禪法迥然不同，也是指其創新之處。這一系統的禪法，自達摩而至弘忍，以及弘忍門下諸高足，各自有獨特宗風。其中，達摩禪的創新對於禪宗來講是開創性的，東山法門的創新則是轉折性的。

1.達摩禪的創新：二入四行

　　菩提達摩是南印度人，南朝 (420〜589) 初年自廣州一帶北上到江南，禪宗叢林中常問的「祖師西來意」，其中的祖師就是指達摩，在禪宗中為初祖。正是他的創新，才有中國禪宗的奠基，他傳入的禪法，為中國佛教帶來了新的理念。他到佛教義學中心的江南，其思想一開始並不為當時所理解，禪門中著名的公案「達摩廓然」，表明了達摩禪和南方主流佛教義學的差異。這則公案是說，達摩在金陵見梁武帝，武帝問：「什麼是聖諦第一義？」達摩回答說：「廓然無聖。」武帝再問：「對朕者誰？」我對面的是誰？達摩回答說：「不認識。」武帝不理解，達摩就渡江到少林面壁。當時的佛學主流側重於對文字性的佛教經典解讀，達摩卻強調以自心為宗，經典只是體悟心宗的一種條件，可以「藉教悟宗」。他又到北方洛陽、嵩山一帶發展，在北方主流禪學中也受到排擠，當時北方的禪學強調的是依照不同類型的、已經固定化的形式坐禪，而達摩卻強調坐禪要和理論修養相結合。對於達摩面對的這種不利氛圍，佛教史家道宣 (596〜667) 在其《續高僧傳・達

摩傳》中描述為「於時合國盛弘講授，乍聞定法多生譏謗」，由此可知，當社會被流行的思想和行為模式所主導時，創新是一項多麼艱難的事業。不過達摩的創新思想當時雖然並未受普遍重視，日後卻蔚為風氣，衍成大宗。

達摩禪的創新內容可以概括為「二入四行」，「二入」就是「理入」和「行入」，是從定和慧、禪行和禪理、實踐和理論兩方面對禪的把握。

理入，依禪理而悟入，方法是「藉教悟宗」，簡單地說，就是通過佛教經典的幫助達到禪境，具體地說是依《楞伽經》悟宗，依經中的如來藏思想悟宗。如來藏思想認為一切眾生都有相同的真性或佛性，但被煩惱所覆蓋而不能顯現，如果能夠捨除對於虛妄煩惱的執著，回歸真性，就能悟入禪境。這個理入的過程，達摩強調必須通過「壁觀」的禪定過程來實現。壁觀的一般理解就是坐禪，同時也是指通過壁觀達到心如牆壁的境界，這是無執著的中道境界，道宣在《達摩傳》中解釋為「無自無他，凡聖等一」。

行入，依禪行而悟入。這裡的行並不是狹義的坐禪之行，而是更為廣泛，具體指報冤行、隨緣行、無所求行和稱法行四種，稱為「四行」。

「報冤行」講人生遇到痛苦時，要瞭解自身受苦的原因，正確面對因自身宿業作用而導致的痛苦，不生冤心。「隨緣行」講人生遇到快樂時，要了知快樂的原因，對因宿業作用而導致的快樂不生執著心，隨緣應對。「無所求行」講面對人生的

欲求時，應該無所欲求，順應因緣的作用而行。「稱法行」是總結性的，指應當依照佛經中有關的性淨之理而修行，也就是依般若性空之理而修行。

　　二入四行的創新表現是什麼呢？一是針對南方佛教偏重佛理的傾向，強調禪行。二是針對北方禪學偏重禪行，專修四念處（身念處，觀身不淨；受念處，觀受是苦；心念處，觀心無常；法念處，觀法無我）的傳統，既把禪的修行和道德生活結合在一起，對禪修者提出了具體的道德修行要求，而不只是強調禪修的技巧，又將禪行和禪理並重，而不以行廢理。三是將佛教如來藏思想和般若性空思想結合，以體現這種結合的《楞伽經》立宗。由此創新，而開創了一個全新的宗派，這就是禪宗，菩提達摩因此被尊為禪宗的東土初祖。

2.道信和弘忍東山法門禪法的創新：　農禪並重、兼重《般若》

　　達摩之後，禪宗經二祖慧可 (487～593) 和三祖僧璨 (?～606)，傳到道信 (580～651) 時為四祖。道信禪使禪宗有了重大轉折，到五祖弘忍門下，則發展出「東山法門」。一般情形下，東山法門也包括道信禪法，其創新體現為如下的方面：

　　一是提倡農禪並重。這是最重要的方面，對於佛教來說是個革命性的觀念創新。佛教僧人稱比丘，其義為「乞士」，乞法練神，乞食資身。從乞食的角度看，僧人的物質生活是

要靠供養的，這在印度可能不成為問題，但在中國就有所不同了，佛教在中國受到的各種批評意見之中，有一種就是批評僧人不事生產。禪宗發展到道信，提出了生產勞動的理念，禪門中稱為「作務」，將農業勞動和其他的日常生活勞動作為禪門修行的重要組成部分，形成農禪並重的優秀傳統。根據杜朏（生卒年不詳）的《傳法寶紀》道信這樣表達他的這種觀點：「努力勤坐，坐為根本。能作三五年，得一口食塞飢瘡，即閉門坐。」一是坐禪，二是勞作，兩者結合，就是其禪修的根本內容。到了弘忍，這一點體現得更明顯，《傳法寶紀》稱其白天混於大眾中勞動，晚上則坐禪至天亮，特別是勞動一項，淨覺（生卒年不詳）在《楞伽師資記》中稱弘忍「役力以申供養，法侶資其足焉」，他親自帶領大家從事生產，即「役力」，為僧團提供了充足的衣食之需。

二是創立了禪宗僧團。自達摩到僧璨，他們遊化各地，周圍雖然有一些信眾，但還沒有組織成僧團。道信則開始組建禪宗僧團，他在湖北黃梅西北的雙峰山築室開法，建正覺寺（後也稱四祖寺），在此弘法三十多年，僧眾規模達到五百多人，來源遍佈各州，道宣在《續高僧傳・道信傳》中記為「諸州學道無遠不至」。弘忍則在黃梅的馮茂山建寺，現稱五祖寺。馮茂山位於黃梅的東部，所以稱「東山」，道信所居的雙峰山則被稱為「西山」。據《壇經》載，弘忍道場中僧眾達到一千多人。這樣長期在某一固定地點傳法，形成宗派傳承的弟子系統，宗派凝聚的祖庭之地，對於禪宗的發展都是非

常有利的。佛、法、僧三寶中，道信與弘忍首先對禪宗僧寶的本土化發展作出了創新的嘗試。

三是倡導安心法門。道信禪法的創新性內容，可以概括為安心法門，也稱為「一行三昧」。從禪理角度上說，一行三昧是要觀真如法界的平等不二之相；從禪行上說，指道信的坐禪方法，表現為與傳統的單純靜坐有別的任運修行方法，淨覺在其《楞伽師資記》中將此方法描述為「夫身心方寸，舉足下足，常在道場；施為舉動，皆是菩提」。同時對於初學者來說，道信強調入道安心的方便法門，提出五種方便：一要了知心之體，心體本來清淨，與佛相同。二要了知心的作用，心能生滅萬法，而心本身沒有區別。三要經常保持覺悟之心，對於諸法不生執著之心。四要觀身空寂，內外皆空。五要守一不移，心保持專精不動。這種守一，也是弘忍禪所主張的，如他在《最上乘論》中講，守本真心是入道之要。

四是兼重般若類經。從達摩開始，禪門所傳的宗經是四卷《楞伽經》，到道信，他也注重般若類經典，特別是《文殊說般若經》，體現其禪法創新特色的「一行三昧」就源於此經，經中說：「法界一相，繫緣法界，是名一行三昧。」弘忍則兼重《金剛經》，這是他傳法於惠能的重要原因。

東山法門的創新，使得禪宗進入了一個規模化發展的新階段，正因為這一階段，才有弘忍門下的諸方法主各在一方開法，形成了蓬勃之勢。

3.牛頭宗的創新：本無事而忘情

　　牛頭宗是牛頭法融 (594〜657) 所創立，以金陵（今江蘇省南京市）牛頭山為活動中心的禪宗流派，傳統的禪宗史認為他是從道信門下分出的一支，是弘忍的同學；其法系傳承是法融──智巖──慧方──法持──智威──慧忠，智威之下另一傳承是鶴林玄素──徑山道欽。其禪法的特色或創新之處，據宗密在《圓覺經大疏》中的概括，為「本無事而忘情」。

　　「本無事」，指其禪理本來無事，講的是諸法性空之理。內心和外境本來空寂如夢幻，不是現在才空，甚至了達這個空理的智慧也是空，世界因這種空寂而平等，沒有佛和眾生的差別；眾生因不了達這個空理，心生迷妄而執著萬事為有，生出愛惡等情執，導致苦樂等不同感受。依據這種空理，在禪修方面，則以「忘情」為修，忘卻各種執著的情念，心無所寄，不論是善法或惡法，都無所執。

4.神秀北宗的創新：方便通經

　　神秀 (606〜706) 在弘忍門下是上首弟子，其弘法寺院在湖北當陽玉泉寺，曾被武則天召入宮，其傳承的宗派在禪門被稱為「北宗」。其禪法的特點或創新之點，宗密曾經在《圓

覺經大疏》中概括為「拂塵看淨，方便通經」，特別是方便通經，是對於禪宗藉教悟宗傳統的發展和深化。

所謂「拂塵看淨」，指拂去覆蓋自心的煩惱塵垢，觀照心體的清淨本性。從禪理上說是基於如來藏思想，眾生本有清淨之性，本有覺悟之性，如同鏡子有光明之性，但是因為煩惱覆蓋，清淨光明不能顯現。修行的方法就是要息滅妄念煩惱，拂去灰塵，塵盡明現，無所不照。《壇經》中記載的著名的偈就是這一意思，「身是菩提樹，心如明鏡臺，時時勤拂拭，莫使有塵埃」，在修行的形式上，就是傳統的坐禪。

「方便通經」更能體現神秀禪的創新之處。從方法上說，這和禪宗傳統的藉教悟宗是一致的，但神秀以五種修行的方便法門和五種佛教經論相結合，使所藉經教的具體內容，有了更具體的發展。

第一方便是總彰佛體，了知什麼是佛，佛就是覺，自覺、覺他、覺滿，覺就是心體離念，心如虛空；這一點要和《大乘起信論》結合起來理解。第二方便是開智慧門，達到身心不動的智慧；這一點要和《法華經》結合起來理解。第三方便是顯示不可思議的解脫；這一點要和《維摩詰經》結合起來理解。第四是明瞭諸法正性；這一點要和《思益經》結合起來理解。第五是了知自然無礙的解脫；這一點要和《華嚴經》結合起來理解。

5.劍南淨眾宗的創新：三句用心

　　劍南淨眾宗是以四川淨眾寺為道場的早期禪法，由無相(684～762) 開宗，其始祖則始自弘忍門下的智詵 (609～702)，其法系為(弘忍)——資州智詵——資州處寂 (648～734)——益州無相——淨眾神會 (720～794)。淨眾宗的禪法特色或創新之處，依宗密在《圓覺經大疏》中的概括，是「三句用心，為戒定慧」，即用三句法門配合戒定慧三學。

　　「三句用心」即無憶、無念、莫忘 (依《歷代法寶記》的說法，第三句是莫妄)，具體的含義有二種解釋，一種是：不再憶念已過去的事情；不去想念還沒有發生的未來事情；保持這種無憶和無念的智慧，不執著，不陷入昏錯。一種是：不憶念執著於外境之法，不憶念執著於內在心識之法，心境皆空，我法皆忘，泯絕無寄，就是莫忘。以此三句配戒定慧，無憶是戒，無念是定，莫忘是慧。即以無憶配戒學，以無念配定學，以莫忘配慧學。

6.保唐宗的創新：教行不拘而滅識

　　保唐宗是以保唐無住 (714～774) 為主的禪法流派，其初祖可以上溯至老安和尚 (582，一說 581～709)，法系傳承是：(弘忍) ——老安——陳七哥——無住。這一系禪法的特色

或創新之處，依宗密在《圓覺經大疏》中的概括是「教行不拘而滅識」。

「教行不拘」指其修行方法，不拘泥於傳統禪法的程序化的禪修，可以說是反傳統的，不修行、不受禁戒、不禮懺、不讀經、不畫佛、不寫經、不做佛事，只是閒坐。從表現方式看，雖然這樣具有頹廢主義傾向的禪宗在流行地四川很受歡迎，但卻不能代表禪法創新的主流。

「滅識」是指其禪理，起心分別就是妄念。分別心為修行的冤家，不起心分別才是真性，無分別才為妙道。通過息滅妄念分別來保全真性，便稱「滅識」。「滅識」表現在日常的宗教生活中，毀諸教相，一切不為，不乞食，也不講農禪的勞作，有人供養，就穿衣吃飯，沒有人供養，就任他飢餓任他寒，有人來往寺院，不論是誰，都不迎送，以示無分別心。

7.宣什宗的創新：藉傳香而存佛

宣什宗又叫南山念佛宗，是以宣什（生卒年不詳）為代表的禪法流派，流行於四川，其初祖也是從弘忍門下分出，漸漸融入與精英佛教有別的民俗化的佛教，法脈較早消失。其禪法特色或創新之處，依宗密在《圓覺經大疏》中的概括，為「藉傳香而存佛」，即以傳香的方式作為修行者體悟自心佛性的手段，這種方式更適合於民間信眾燒香的喜好。

「傳香」指其禪修方式，在進行佛教儀式，特別是傳授佛法時，以傳香為師資憑信，代替一般的袈裟傳承。師父傳香於弟子，弟子回尊給師父，師父再授弟子，如此進行三遍，才算完成。「存佛」指其禪理，授法時，先講授禪門道理、修行目的等，然後念佛；先是念出聲音，後來聲音漸漸降低，微聲，直至無聲，以心意念佛，念念存想佛在心中，直至存佛的心也無，達無想之境，就是解脫。

二、六祖惠能的創新

如來清淨禪中，許多流派都有著不同程度的創新，到了祖師禪階段才進入創新的高峰，最全面的創新者還是惠能，他創立的禪法在禪宗史上被稱為「南宗」，現代學術界從胡適開始稱其禪法為「佛教的革命」。如果說，達摩禪的創新對於禪宗來講是奠基性的，東山法門的創新是轉折性的，惠能的創新則是全面性的。正是由於惠能的創新，使禪宗進入南宗時代；南宗並代替了整個禪宗而長盛不衰。惠能禪法創新的內容體現為禪宗哲學的心性論、覺悟方式的頓悟論、修行方法的無修論、中道方法的對法論等等。他的創新，既有綜合創新，也有原始創新。

1. 心性論的創新：眾生即佛

　　心性論討論的是心的本性問題。心的本性清淨而空寂，本有佛性。惠能與北宗神秀的觀點區別之一是，神秀禪強調覆蓋清淨性的煩惱，主張時時拂拭，漸除煩惱，惠能則認為煩惱本空，所謂「佛性常清淨，何處有塵埃」？惠能心性論中最具有革新性的觀念就是一切眾生皆有佛性。這個佛性是每個人自心中本來具有的，不是外在的，也不是他人心中的，敦煌本《壇經》說：「我心自有佛，自佛是真佛。」佛教傳統的眾生與佛的關係為，佛是一外於具體個人的存在，人們追求的是一個外在的佛；例如像淨土宗，追求遠在西天的阿彌陀佛。禮敬佛，就是禮敬心外的佛，成佛，就是追求心外的偶像標準，而惠能宣傳只有自心的佛才是真正的佛，對於自身的解脫才真正具有積極的意義。

　　惠能在心性論上的創新觀念還在於從人性角度討論佛性，講佛性本有時，直接講人性本有；講佛性清淨時，直接講人性清淨。這是把佛性問題歸結為人性問題，把宗教問題化為世俗問題，將佛性人性化。傳統的中國佛教，重於講佛性，但罕言人性；惠能卻在佛性論與人性論上，均以人的真實本性為主進行探討，將兩者適切地結合了起來。此即惠能在心性論上的創新。

2.覺悟論的創新：頓悟成佛

眾生即佛，是從眾生的本性上說的，眾生實際上要成佛，還有一個悟的階段；眾生和佛的差異就在於迷和悟，迷則佛是眾生，悟則眾生是佛。一切眾生都有佛性是眾生成佛的依據，眾生如何成佛，是疾是遲？是漸是頓？惠能提出了又一個重要的創新觀念：頓悟成佛。悟的對象是自心佛性，覺悟此佛性，稱明心見性，發現了自心佛性，明瞭自己本來就是佛，稱為見性成佛。在中國佛教的傳統，特別是神秀的北宗禪之中，並不是不講頓，他們既講漸悟，又講頓悟，所言的頓悟，更多是由漸而頓，且根據眾生多是下等根性的特點，更強調漸修漸悟的意義。而惠能則只講一個頓和疾，頓悟成佛，疾得成佛。

頓悟之頓，就是頓除煩惱，頓見自心佛性。惠能認為煩惱本來空寂，可以頓除。煩惱頓除時，也是佛性頓時顯現時。頓，體現了覺悟的迅速，瞬間而成，一念之間，一念與自心佛性相應，就是成佛，敦煌本《壇經》稱為「一念若悟，即眾生是佛」。這種覺悟是完全徹底的，惠能稱為「盡悟」，沒有一絲的遺漏，屬於「大頓悟」。頓悟之後，永不回復迷執的狀態，稱為一悟永恆，或瞬間永恆。歷史上曾經有「小頓悟」的觀點，支遁（約 314～366）、僧肇（384，一說 374～414）、慧遠（334～416）、道安（312，一說 314～385）等著名高僧都

屬於小頓悟師，竺道生 (355～434) 是大頓悟師，但惠能的大頓悟和道生的觀點有聯繫也有區別之處。比如說，道生的悟實際上是解悟，即通過語言文字或經文的媒介，闡述佛性之理而悟；惠能的悟是證悟，完全直接就自心親證而悟。

3.修行觀的創新：無修之修

宗教的一個重要特點是對修行的重視，佛教也是如此，重視禪定之修；禪定往往是一個依不同的技巧長時間修習的過程，一般認為這才是修。如北宗禪的「看心看淨」，就是漸修。到現在為止，一些專治禪宗的學者有機會和信眾討論禪學問題時，信眾很自然會問：「你打坐嗎?」如果回答是否定的，那麼他們會覺得你沒有修證，所以你講的禪學也不可信。惠能對這個問題的看法是，所謂修行，不是只有傳統的坐禪法門一種。針對傳統的禪定之修，他提出無修之修。事實上，自道信以來的禪宗一直強調的「作務」其實也是禪門中的修，而且是更重要的修行。惠能講無修，意思是要否定只以坐禪為修，而使修行日常化、生活化，指出禪是生活，日常生活中的一切都是修行，行住坐臥皆是行禪。這種修行觀，是惠能禪法的又一創新觀念。

惠能無修之修觀念的具體表達，還包括無念法門和定慧等學。

無念法門由三句構成：無念、無相、無住。無念為宗，

無相為體，無住為本。無念有兩層意思，一是「於念而不念」，
對於日常流動的意念，不是刻意地滅除，而是強調不執著。
「於念」之「念」，作為名詞，就是日常生活中的各種想法，
一般稱之為妄念的那類想法；「不念」之「念」，作為動詞，
是念想，不念就是不執著，不被妄念纏縛。二是將無念兩字
分別解釋，無是無煩惱塵勞，念是念真如本性。無相的意思
是「於相而離相」，《金剛經》上講「凡所有相，皆是虛妄」，
對於一切現象之相，不是滅相，而是即相不執著，稱離相。
無住的基本意義是「念念不住」，念念不停留，所謂住，就是
意念流動的中斷，是刻意的關注、執著。惠能把念念不住看
作人的本性，這種觀點以其特殊的方式，承認了人們的世俗
生活的合理性。

　　定慧等學和傳統的觀念如止觀雙修相比有其突破之處，
強調定慧一體不二，定為體，慧為用；修慧之時，定在慧中，
修定之時，慧在定中。兩者的關係就像燈和光，燈是光之體，
光是燈之用，兩者名字有別，本質無異。惠能認為定和慧之
間不存在先後的問題，如果主張先後之說，就是表示定慧有
別，因此他反對先定後慧、先慧後定之類的說法。在宗教修
行上，這實際上是要求人的實踐和認識、言和行應該完全一
致，不是分作兩截。這反對的是定慧分離的修行觀，有的人
能知有慧而不能具體實行落實，有的人做得很好，但理論上
不很瞭解，不知道為何要這樣做。惠能認為，這都不是真正
的好修行。

4.方法論的創新: 對法中道

在方法論上，惠能對傳統的中道方法作出了創新性的發揮，提出了「對法說」。

惠能對法的基本意義之一是教學的方法。問你什麼是有，回答無，稱為「問有以無對」，表示對有無兩邊的超越。惠能共舉出三十六種相對性概念，禪門中稱「三十六對」(實際上涉及到三十八對)：外境無情類，舉自然界中的現象五對；語言法相類，舉出與人的社會性活動有關的存在現象十二對(實際列舉了十三對)；自性起用類，舉出對人的活動的價值評判或人的精神生活方面的內容十九對 (實際列舉了二十對)。

對法的更廣泛的體現，就不是一個純教學方法的內容，涉及到惠能禪學的不二法門的解釋體系。一切相對性的對象，都可用此中道方法解釋，而不僅限於三十六對。比如，眾生與佛之對，表明必須以中道的方式對待眾生與佛的關係，即眾生是佛，佛就在眾生之中，不應離開眾生而覓佛。同理，煩惱與菩提之對，不離煩惱而得菩提；無明與智慧之對，即無明是智慧；生死和涅槃之對，不離生死而得涅槃；自性和淨土之對，即自性而淨土；在家與出家之對，在家和出家不二；入世和出世之對，不離世間而求出世間。這種解釋把禪落實在現實生活之中。

惠能禪法的創新，從佛、法、僧三寶角度看，他留下的

《壇經》,可以說是法寶的創新;他的眾生即佛的心性論,則是佛寶的創新;他的在家和出家不二論體現的居士佛教傾向,可以說是僧寶的創新。同時,惠能的創新,還為禪宗帶來了一個新的發展時代,即「南禪」的時代;奠定了儒、釋、道三教融合的佛教模式,在儒釋道三教之中率先完成三教融合的進程。之所以能做到這一點,乃因惠能十分關注在中國社會和文化背景下,宗教應如何發展才有吸引信眾的動力。他不是完全照搬引進印度佛教的理念,而是思考如何將印度佛教本土化。基本照搬型的中國佛教流派是存在的,比如三論宗和唯識宗,但兩者存在的時間都不是很長。本土化就要考慮本土社會的文化、心理、信仰等影響。惠能結合中國本土文化的特點,選擇相應的佛教觀念,用綜合創新等創造性的方法,終於奠定了禪宗南宗的思想基礎。

三、分燈禪的創新

佛法相傳如燈火相續,禪法相傳如心燈相續,所以禪門中有「傳燈」一說,記載這種傳燈的書籍也稱「燈錄」。祖師門下禪法的不同傳播發展,稱為「分燈」,分燈發展的禪法,稱「分燈禪」。這裡的分燈禪,狹義地指惠能門下諸家禪學發展到五家七宗之間的禪法;廣義地看,五家七宗門下的禪法也屬於「分燈禪」。惠能弟子的分燈發展也體現為禪的創新傳

統的延續和深化，一個禪師要立足叢林，形成一個流派的禪
法，就要看其有無創新之處，有多大的創新，具體表現為有
什麼獨特的思想、禪修方式、指示語言、行為作略等等。如
果有，就廣在叢林傳播，天下禪僧就雲集於此；如果沒有，
那麼這一系禪就從此開始趨向衰敗。一旦後人中又有所創新，
那麼便會出現所謂的「中興」。在分燈禪中能夠載入禪史的，
都是有所創新的「大德」。這裡略舉幾位代表性禪師的創新之
處，以示其風貌。

1.荷澤神會的創新： 寂知指體，無念為宗

荷澤禪指荷澤神會 (684～758) 創立的禪門流派。神會是
惠能門下的弟子，兩次在惠能門下求學，在《壇經》中有所
記錄。他是一個有政治頭腦的僧人，在宗教實踐方面的貢獻
或創新之處，主要是通過在政治高層的努力，使在南方流行
的惠能禪宗受到官方的認可，一改以神秀禪為官定正宗的局
面。他在禪學理論上的創新是突出知的意義，將惠能的「本
智論」發展為「本知論」。

神會是惠能門下十大弟子之一，知道神秀後人普寂
(651～739) 和義福 (658～736) 兩人的氣焰和勢力。惠能去世
後，他到中原發展，廣泛活動，受到政府重視，敕住河南南
陽的龍興寺。開元二十二年 (734)，他在滑臺（今河南滑縣）
召開法會，宣佈惠能禪法才是達摩以來的正統，至於神秀的

禪法，依宗密《禪門師資承襲圖》的記錄，神會批評「師承是傍，法門是漸」。普寂自稱是禪法第七代，神會指斥這種說法是非法的。不久，他在洛陽荷澤寺又舉行過這樣的法會。這種做法是要冒很大風險的，天寶十二年 (753) 開始，神會幾次遭貶，一些人即認為這是北宗門下所害。安史之亂時，朝廷平亂缺乏經費，有人想到利用神會的聲望來推銷度牒，這為神會帶來了轉機，使他從此成為政治上的紅人，南宗的政治地位遂漸得政府的確認。貞元十二年 (796)，唐德宗敕立神會為第七祖，這樣，惠能自然就是第六祖了。鑒於神會的作為，胡適之博士曾經在《從整理國故到研究和尚》中，誇張地宣稱神會「是禪宗的真正開山之祖」，這種說法顯然是過頭了，但是不可否認神會對提高南宗政治地位產生的重要作用。

　　這裡可以看出神會創新的一個思路——通過改變一個宗派的政治地位來推動宗派的發展和影響——他的一系列行為都是為了這一目的。

　　至於神會在禪理上的創新，突出在一個「知」字。知是心之體，空寂心體，靈靈不昧，了了常知。這個知，稱為「寂知」；寂是指心的自性體，知指心的自性用。心有知的功能，才有可能體認自心的佛性。惠能講自心本有智慧，神會進一步講本知，知既指智慧，也指體知的能力。在修行方法上，惠能講無念、無相、無住，神會則只講一個無念。從整體上講，神會的創新更突出地體現在政治上的努力。

2.永嘉玄覺的創新：融合天臺和詩化禪學

　　永嘉玄覺 (665～713) 曾經先習天臺止觀法門，後來成為
惠能的弟子。據說他初見惠能後，言下覺悟，悟後便想立即
離開，惠能留他住一宿，因此當時禪界都稱他「一宿覺」;「覺」
字既指玄覺，又指他留宿一事，一語雙觀。玄覺禪法的特點
或創新之處是將南宗禪和天臺止觀方法整合，具有綜合創新
的特點，使南宗禪的修習方法次第化，同時用詩偈的形式表
達禪意，初創詩化禪學的完備類型。

　　玄覺結合天臺禪法的次第性特點，融入南宗禪，使南宗
禪的修習變得有具體方法可循。惠能禪的頓悟頓修，從觀念
上強調一個頓，但對於許多人來說，實際的修行，理可頓悟，
事須漸修，還是有一個漸修的階段，玄覺就將這一點強調出
來，理出一個禪修的操作次第：

第一、要慕道，強調確立信仰。

第二、戒除驕奢之意。

第三、淨修身口意三業，除十惡業。

第四、修止（奢摩他）法。

第五、修習觀（毗婆舍那）法。

第六、修行舍（優畢叉）之法，止觀雙運。

第七、闡明聲聞、緣覺和菩薩三乘次第，三乘雖殊，卻
　　　都是出離痛苦的要道。

第八、闡明理事不二觀。

　　玄覺用詩化的語言將禪意表達出來，形成其詩化禪學。禪本質上是無法用語言完全表達出來的，但離開語言又無法準確地表達禪意，不可說卻不得不說，禪門中的言說便是說不可說之說；因為詩也講究不說破，所以最佳的言說方式就是詩。玄覺的詩化禪學集中體現在《永嘉證道歌》中，其中許多都成為禪門佳句，比如「行亦禪，坐亦禪，語默動靜體安然。縱遇鋒刀常坦坦，假饒毒藥也閒閒」、「入深山，住蘭若，岑崟幽邃長松下，優游靜坐野僧家，闃寂安居實瀟灑」、「江月照，松風吹，永夜清宵何所為？佛性戒珠心地印，霧露雲霞體上衣」、「一性圓通一切性，一法遍含一切法。一月普現一切水，一切水月一月攝」，琅琅上口，很容易記住，寓意也很清新深遠。

　　玄覺創新性的綜合性，並不是盲目的融合，而是將自己最有把握的兩方面資源中的優點相結合，他用詩偈這種最為合適和有吸引力的方式表達自己的思想，從而整合出一種很有特色的禪法表現，推動了後世禪學的詩化。至今，他的禪法在臺灣仍有人在傳承推廣，比如慈光佛學院的惠光法師。

3.青原行思的創新：廬陵米價

　　行思 (?～740) 是惠能的上首弟子，他開創了南宗的青原一系，弘法地在江西的青原山。他的創新之處在於教學方式

的創新，在教學上用特殊的禪語指示學人的心性。

　　據說他初見惠能時，惠能和他有這樣的一段問答。他問：「當何所務，即不落階級？」六祖惠能說：「汝曾作什麼？」行思說：「聖諦亦不為。」六祖又問：「落何階級？」行思說：「聖諦尚不為，何階級之有？」

　　叢林中禪師對初參禪僧經常會提機緣性的問題，實際上是入門面試。「不落階級」是問頓修頓悟還是漸修漸悟，實際上問是否頓成。「何階級之有」是說連這個頓也不能執著。

　　行思在叢林中的影響常常體現為一句著名的答話。有僧人問：「如何是佛法大意？」行思反問為答：「廬陵米作麼價？」看起來是答非所問。廬陵是青原行思的老家，在今江西省吉安市。答話的表面意思是：你知道我老家廬陵的米是什麼價格嗎？這在叢林中稱為「廬陵米價」，成為著名的公案之一。這為什麼是一種創新呢？又是什麼創新呢？或許是教育方式的創新。它不要求一個對問題本身的正面回答，也不希望提供一個標準的唯一解答，而是用截斷法提供了一個開放式的答案空間，你可以理解成問題本身問得不當，因為佛法大意並不是一個理上把握的問題，而是個人親證的問題；可以理解成並無什麼佛法大意，佛法大意就在你自心中，應該返心自省；可以理解成瞭了廬陵米價，就瞭解了佛法大意，佛法就是平常生活，如此等等。這是不說破的教育，啟發問話的人自己去體悟，開發自己的創造性潛能，尋找問題的真正答案。

4.石頭希遷的創新：機鋒變化和回互禪學

　　希遷 (700～790) 是惠能門下的沙彌，惠能臨終時囑咐他「尋思去」，於是到江西投師青原行思，成為行思的得法弟子。希遷的弘法地在湖南衡山，因其在大石頭上結庵，故而人稱「石頭和尚」。其禪法特色或創新之處主要體現為機鋒的變化多端和禪法上提倡「回互」即融合的思路。

　　青原系從希遷開始，強烈地顯現出機鋒變化的特點，叢林中稱希遷的禪風為「石頭路滑」，表示其禪機不易把握。例如，有僧來參，希遷問：「從什麼處來？」僧人答：「江西來。」又問：「見馬大師否？」僧人說：「見。」希遷就指著地上的一捆柴說：「馬師何似這個？」僧人無言可對。因為江西是馬祖道一的道場，所以希遷聽說他從江西來，接著就問見到馬祖道一大師了嗎？得到了肯定的回答後，又問了暗含機鋒的一句：「馬大師同這捆柴薪相比是怎麼樣的？」這種風格增強了禪的活潑性、神祕性和吸引力。

　　有僧問：「如何是西來意？」希遷說：「問取露柱。」僧人說：「學人不會。」希遷也說：「我更不會。」回答的格式是和廬陵米價一致的，露柱是殿堂外的圓柱，沒有生命的無情之物。露柱如何會知道達摩祖師的西來之意？這也可以理解成禪存在於如同露柱之類的無情之物中，這是指物隱喻。

　　希遷還有相似的說法，如有僧人問：「如何是禪？」他回

答說:「磚碌。」又問:「如何是道?」他回答說:「木頭。」這
可以理解為無情有性論,即無情萬法也有佛性,在這個問題
上,惠能堅持有情有佛性、無情無佛性,希遷則走到了泛佛
性論,其中有莊子的影響,也是三論宗的重要觀點。這類問
話和答話體現出來的機鋒,一般人很難把握,所以當時的禪
宗界評論他的創新性禪法為「石頭路滑」。

　　「回互」是希遷對於融合的描述。他著有〈參同契〉一
文,提出了禪的融合思想,一是南宗和北宗的回互,二是理
和事的回互,三是本和末的回互。體現這種融合思想的即事
而真、理事無礙思想成為後世青原系的禪學基本思想,一直
影響到曹洞、雲門和法眼宗。由於希遷的創新,他的禪法大
為流行,他的道場為當時禪學中心之一,和江西的馬祖道一
道場齊名,禪宗中的「走江湖」,即到江西和湖南參禪,而湖
南的重要參訪地就是希遷的道場。

5.馬祖道一的創新: 觸類是道而任心

　　道一 (709~788) 是南嶽懷讓 (677~744) 的弟子,俗姓
馬,叢林中尊為「馬祖」,主要弘法道場在江西。懷讓是惠能
門下弟子,在南嶽習禪,但不開法,道一成名後,懷讓的地
位隨之提高,形成南宗中的南嶽一系。道一的禪法稱為「洪
州宗」,洪州在今江西南昌一帶,其禪法的特色或創新之處,
依宗密在《圓覺經大疏》中的概括,是「觸類是道而任心」,

大機大用兼備，大機是其對禪理境界的揭示，大用是接引學人方法的獨特處。

「觸類是道」是說人們日常生活中接觸到的一切，直接就是道本身，一切現象都是道本身，甚至人的一切所作所為，起心動念，彈指、揚眉，都是佛性的體現，一切皆真。用道一自己的話來說，為「平常心是道」。平常心即日常生活之心，念念流動之心，而不是荷澤神會和宗密講的純粹的本體之心。馬祖道一的創新在禪學思想方面，最重要的是用「平常心」這一原創概念來表達佛教中道思想的理解，用「平常心是道」這一原創命題表達無修之修的修行觀。

道一在談修行觀時提出這一理念：道不用修，只要做到不要汙染它。什麼是汙染？有生死心是汙染，有造作心、趣向心都是汙染。如果要直接達到對於道的體會，那麼，「平常心是道」。

什麼是「平常心」？用否定性表述（即「遮詮」）來說，就是無造作之心、無是非之心、無取捨之心、無斷常之心、無凡無聖之心。什麼是造作之心？比如刻意去坐禪，以為做這樣的事就是修行，就是造作。什麼叫是非之心？比如執著於坐禪究竟為是為非？什麼是取捨之心？比如執著於坐禪好還是不坐禪好？這樣坐禪好還是那樣坐禪好？無斷常之心，既不執著於斷（有限），也不執著於常（無限）。無凡聖之心，既不執著於凡，也不執著於聖。

用正面的肯定性表述（即「表詮」）來說，「只如今行住

坐臥、應機接物盡是道」，但叢林中參究這一命題，常常強調道一弟子南泉普願 (748～834) 的看法。趙州從諗 (778～897) 曾問南泉普願：「如何是道?」南泉說：「平常心是道。」趙州在這句開示下開悟。從此，這成為一則著名的公案，人們反而忽略了原創者道一。

平常心是道的原理，要求從平常的事物中發現創新的機緣，從平常事中成就大事。進一步的思想基礎是心性論層面的即心即佛論，道一的這一觀念其實由四個層面展開：「即心即佛」、「非心非佛」、「不是物」、「且教伊體會大道」。第一句「即心即佛」是正面肯定性的表詮，是一切眾生都有佛性思想的概括性表達，也是對於心性論的方便性表達。第二句「非心非佛」是否定性的遮詮，也是以中道觀念的表達，對執著於前一句的否定。第三句講「不是物」，否定對前兩句的執著。這樣的觀點玄覺也表達過，他在《永嘉證道歌》裡說：「了了見，無一物，亦無人，亦無佛。」此三句中最基本的是第一句，但作為禪師來說，看到有人執著於這一句，就要說一個非心非佛，有的人執著於這兩句，就說一個不是物。除了這三種情形則如何呢? 道一說了第四句，「且教伊體會大道」，這實際上要透過三句而體會禪道。

「任心」是道一的修行方法，任運自然，他明確地說道不用修，是惠能以來無修之修的另一種表述。「任心」也是教育方法的特色，道一使用的教學方法包括打、喝、舉拂子、踏、畫圓相等，不一而足，機鋒迅捷，使得宗門下非常活潑

自然。由於道一的創新，從他開始，禪宗進入了一個新的發展階段。

6.百丈懷海的創新：　制定清規

懷海 (720〜814) 是道一的弟子，道一的大機大用，禪界認為在道一的弟子中，懷海得其大機，再傳弟子黃檗希運 (?〜850) 得其大用；但其實懷海也是兼具大用的。懷海的弘法地在江西新吳（江西奉新縣）大雄山的百丈巖，「百丈」也喻其禪法的險峻。他的禪法特色或創新之處突出表現為制定叢林清規，其貢獻在於制度性創新，禪宗的三寶中，僧寶的創新，到懷海完成，即為僧團的發展提供了制度性的依據，為僧團的生活提供了制度性的基礎。禪宗作為中國佛教本土化典範，其本土化的真正完成應該是到懷海的制度化創新為止。

在禪理上，懷海有自己獨特的禪理表達。在心性論上，他提出「截斷兩頭句」，一頭是肯定性的「即心即佛」，一頭是否定性的「非心非佛」；執著於前一句是常見外道，執著於後一句是斷見外道，兩頭都不執著，是為截斷兩頭。這實際是涉及到了道一的第三句「不是物」，但懷海又說要「透過三句外」，連第三句也不能執著。對於修行論上的創新性表達，他講的是「心如木石」，這並非主張人要像木石那樣無情，而是指心不受種種情識的干擾。教學方式上的創新，懷海獨特性的表現是「百丈下堂句」，每當說法完後下堂，僧人們都向

外走，他卻一聲呼喚大家，問道:「是什麼?」推動禪者心靈
震動。

　　懷海最為根本的創新是對禪宗的制度創新。禪宗創立後，
禪僧往往寄居於其他宗派的寺院，或者名義上寄居，自己別
居一處。到唐玄宗時律宗寺院大興，玄宗要求將禪宗併入律
寺中，所以禪師常常居於律宗寺院。懷海主張別立禪居，爭
取禪宗的獨立，制定相應的寺院規制和叢林生活準則，稱〈禪
門規式〉。其中規定禪寺大德稱長老，其居室稱方丈室，不立
佛殿，只立法堂。強調節儉，制定普請（即勞動）制度。同
時規定了處罰制度，對於觸犯清規者，分別處以抽單擯出、
從偏門杖責遣逐等處罰。懷海的創新思路是，從制度化的立
場著眼，先制定合理的制度，然後使禪的發展規範處在制度
的框架中，這屬於制度創新。禪宗的本土化，從惠能制定理
論體系，再到懷海制定制度體系，才算最終完成。

　　這一清規中還有一個創新，就是將勞動加以制度化規定。
勞動對於禪的重要性，在四祖道信和五祖弘忍時已有所重視，
惠能在弘忍門下做行者時一直在踏碓，但到懷海時更為強調
這一點，並加以制度化。〈禪門規式〉強調「行普請法，上下
均力」，普請就是禪團集體的共同勞動，不管職務高低，只要
身體許可，一律參加勞動；勞動內容主要是農業生產勞動或
維持日常生活的各種勞動，如鋤地、除草、搬柴、打水等。
懷海親力親為，執事見他年紀大了，不忍心讓他勞動，便藏
了他的農具；孰知懷海一時找不到農具，就不吃飯，叢林中

故而有「一日不作，一日不食」之稱。有了經濟的自立，禪宗的發展才更有保證。以後的歷史發展也證明了這一創新的作用，當會昌法難來臨時，缺乏這種農業經濟支撐的一些宗派，都受到重創，有些歷史甚至就中斷了，而禪宗卻仍繼續存續了下來，並伺機有更大的發展。

懷海對禪的創新提出明確的要求，他說：「見與師齊，減師半德；見過於師，方堪傳授。」只有具備超師之見者，才可以傳授，這才能保證禪宗有一代一代的創新和超越。

7.圭峰宗密的創新： 融合的佛教

宗密是由禪而入華嚴的極有思想的學問僧，華嚴系中，他是華嚴四祖澄觀 (737～838，一說 738～839) 的弟子；禪宗系中，他是荷澤神會的四傳弟子。他的創新觀點主要體現在佛教發展觀上，以融合的思路發展佛教，發展禪宗。

中國佛教發展到宗密的時代，已經出現了一些問題，主要體現為禪宗和教門之間有嚴重對立，禪門中又有南宗和北宗的嚴重對立，面對道教的發展和儒學的復興，宗密認為佛教要立足於世，就必須要有一個發展的新思路──融合。

對於禪宗而言，宗密認為這種融合體現為三個層次，一是禪宗內部融合，體現在修行方法上，表現為頓和漸的融合。宗密提出了「頓悟資於漸修」的觀念，頓和漸的融合是這一觀念的含義之一。體現在宗派上，是惠能南宗和神秀北宗的

融合，洪州宗和荷澤宗的融合。宗密試圖通過這一融合，以期改變他在《禪源諸詮集都序》中描述的「南能、北秀，水火之嫌；荷澤、洪州，參商之隙」的對立狀態。

二是禪教融合。他提出十大理由來說明禪門和教門應該融合，並具體證明，禪教之間的佛理是相通的，具有融合的基礎。比如，禪宗的「息妄修心」類宗派和教門中「密意依性說相教」中的第三層次「將識破境教」可以融合，禪門中的「泯絕無寄」類宗派和教門中的「密意破相顯性」類教門可以融合，禪門中的「直顯心性」類宗派可以和教門中的「顯示真心即性」類教派相融合。其中的第三類融合，其實就是指華嚴宗和荷澤禪的融合，因此宗密的禪法，也被稱為「華嚴禪」，其核心特徵就是融合。

三是三教融合。儒、釋、道三教融合，以佛教為三教融合之主體，這個佛教是禪教合一之融合的佛教，其中的禪宗，又是南北融合的禪。所以宗密的這一思路在邏輯上非常嚴密。雖然在宗密之前，禪界的永嘉玄覺和石頭希遷等都提出了融合的實踐或思路，但宗密的融合理論是最完備的，也對後世的禪宗產生了重大的影響。

宗密華嚴禪的創新特點是，在佛教發展到高峰時，為其今後的永續發展提供思路，在方法上確立一個大的背景觀照，依照歷史發展的趨勢，把握發展的機遇，而不只是拘泥於具體枝節問題上的微觀創新。他的問題是其觀念不被當時的佛教界，特別是禪宗界所認同，尤其在洪州一系看來，他的思

想反而是以北宗修正南宗，以教門限制禪門。但禪宗史的發展證明宗密的思路是合理的，這一思想後來又被永明延壽(904〜975)等人提出，但對解決問題的作用卻有所減弱，原因之一是佛教的創新力降低，儒學達到發展的高峰。所以，一個合理的創新理念一定要被正確使用在一個合適的時機，才能發揮其最大的功效。

四、五家禪的創新

南嶽系百丈懷海門下衍生出潙仰宗，懷海弟子黃檗希運門下產生出臨濟宗，臨濟至石霜楚圓(986〜1039)門下又衍生出楊岐和黃龍兩支，青原系在希遷再傳雲巖曇晟(782〜841)門下衍生出曹洞宗，希遷四傳雪峰義存(822〜908)門下衍生出雲門宗，希遷六傳地藏桂琛(867〜928)門下衍生出法眼宗，史稱「五家七宗」。五家禪更為明顯地體現不同的禪法和宗風，實際的影響以臨濟一系為最大，曹洞宗次之，這也是因為臨濟宗創新的生命力保持得最久和有效。

1.臨濟宗的創新： 賓主照用

臨濟宗由義玄(?〜867)創立，以義玄的弘法地臨濟院命宗，門下大德不斷，風格各別，構成了此宗豐富多彩的內容。

　　義玄是黃檗希運的弟子，希運代表道一開創的洪州宗發展的最高階段，同時下啟臨濟宗，義玄的很多思想和宗門作略源於希運但又加以發展。義玄創立了臨濟宗，他的創新，在禪理方面表現在用個性化的語言表達禪宗的基本原理，在禪行和教育手段方面則表現得更為豐富。

　　義玄在心性論上原創地提出了「無位真人」的概念，有些道家的味道，他說每個人的赤肉團上都有一位無位真人。所謂赤肉團，就是指人心，這是傳統的眾生心即佛心觀點的不同表述。基於這一點，他特別強調自信、自作主宰，不向外求佛。在修行觀上，傳統的無修之修，他表述為佛法無用功處，只是平常無事，屙屎送尿，著衣吃飯，睏來即臥。這種修行的禪理基礎，是隨處作主，立處皆真。這和道一的「一切皆真」觀點是一致的。

　　義玄還原創了許多極具吸引力和針對性的教育方法，如四料揀、四照用、四賓主等等。

　　料揀的本意是品評人品、選擇人才，四料揀即四種辨明學生不同的資質而施設的方法，分別是奪人不奪境、奪境不奪人、人境俱奪，人境俱不奪。「奪」表示去除執著，如何奪？有我執者，奪其我執；有法執者，奪其法執；兩者皆執著者，兩者皆奪；兩者皆不執著者，兩者皆不需奪。具體要根據學人的根器，對中下根器人，奪境不奪法；對中上根器人，奪境奪法不奪人；對上上根器人，人境兩俱奪；對出格的人，人境俱不奪。什麼是「奪人不奪境」？義玄用詩偈表達，「煦

日發生鋪地錦，嬰孩垂髮白如絲」，前一句對境的讚美，存而不奪，後一句對人否定，用嬰兒的白髮表示否定、奪人。什麼是「奪境不奪人」？「王令已行天下遍，將軍塞外絕煙塵」，前一句奪境，後一句存人。什麼是「人境俱奪」？「并汾絕信，獨處一方」，并和汾是二個州名，相互隔絕，表示奪境，後一句奪人。什麼是「人境俱不奪」？「王登寶殿，野老謳歌」，前一句存境，後一句存人。

　　四照用是根據不同情形分別使用「照」「用」方法：先照後用，先用後照，照用同時，照用不同時。「照」表示否定事法，對法執者，先破其法執，稱「先照後用有人在」。「用」表示否定人我，對我執者，先破其我執，稱「先用後照有法在」。人我兼執者，兩者同時用，如何奪？「驅耕夫之牛，奪饑人之食，敲骨取髓，痛下針錐」。耕牛對於耕田人來講意味著什麼？飯食對於飢餓者來說意味著什麼？而要奪其牛奪其食，比喻義玄去執著之手段的峻烈。人我都不執者，兩者不用，照用不同時，不拘一格，這是最高境界，稱「有問有答，立主立賓，合水和泥，應機接物」。

　　「照」和「用」還有另一層意思，「照」指機鋒對答，「用」指打、喝等身體動作。先照後用即先問話，再根據答話的情形用棒喝等方法；先用後照即上來先對學生一陣打或喝罵，然後再進行問答；照用同時即邊問邊打或邊打邊問；照用不同時則是照用方法的使用不拘定規。

　　四賓主指教學活動中師生對答之間顯現禪學功力的四種

不同情形：賓看主，主看賓，主看主，賓看賓。參學者向禪師問充滿禪機的話，如同在禪師面前放了一個膠盆子，禪師不懂裝懂，裝模作樣，被參禪者看破，一腳踏進這膠盆子，這是賓看主。義玄認為這對於禪師來講是無法醫治的膏肓之病。相反的情形，禪師破除參禪者的執著，參學者卻不肯放鬆，是主看賓。禪師和參禪者之間都是很有禪學修養的人，機鋒相當，各具禪眼，棋逢高手，十分精彩，是主看主，這是最高的境界。相反的情形，禪師和參禪者之間都不知道自己帶著執著，學人披枷帶鎖，禪師不懂怎樣幫他去除枷鎖束縛，反而又給他加上一道枷鎖，學人不知，還非常高興，禪師則以為自己指導有方，是賓看賓。

　　在具體的作略方面，義玄也是非常峻烈，以喝著稱，與德山的棒齊名，但喝不是其原始創新，而是其模仿創新。

　　義玄特別強調，體現創新的最高境界是要在第一句下的創新，他說：「若第一句中得，與祖佛為師；若第二句中得，與人天為師；若第三句中得，自救不了。」什麼是第一句中的創新？「三要印開朱點窄，未容擬議主賓分」，不假思索（擬議）立即得佛心印（印開），是講自性頓悟下的創新。什麼是第二句中的創新？「妙解豈容無著問，漚和爭負截流機」，通過禪師的方便方法（漚和）才能截斷煩惱之流而得解脫，是講通過方便引導而覺悟的創新。什麼是第三句？「看取棚頭弄傀儡，抽牽都來裡有人」，參禪者全憑禪師擺佈，如同木偶被人用線操控，沒有任何主動的能力；這種情形下的覺悟，不

是真悟，也沒有任何真正的創新。第一句中創新的，才是上根器者，也就是各方面資質最優秀者，最具有創新能力者，主看主、照用不同時、人境俱不奪，講的都是上根器境界。

　　臨濟宗的發展不斷有所創新，臨濟義玄六傳到石霜楚圓門下，發展出兩個創新的門派，即楊岐方會 (996～1049) 創立的楊岐宗和黃龍慧南 (1002～1069) 創立的黃龍宗。汾陽善昭 (947～1024) 收集古人語句一百條，用偈頌的形式來表達，稱為頌古，創立一種新的參禪方式。慧洪覺範 (1071～1128) 發展出文字禪，把原本不立文字的禪變成大立文字的禪，克勤作《碧巖錄》，對雲門宗雪竇重顯 (980～1052) 的《頌古百則》加以評唱，大大推動了繞路說禪的文字禪。大慧宗杲 (1089～1163) 提倡看話禪，專看公案中的話頭，又使禪風一變。這些創新都是使臨濟宗流傳長久的重要原因。

　　臨濟宗的獨特宗風，依《人天眼目》的概括：「臨濟宗者，大機大用，脫羅籠，出窠臼，虎驟龍奔，星馳電激。轉天關，斡地軸，負衝天意氣，用格外提持，卷舒擒縱，殺活自在。」依《五家宗旨纂要》的概括：「臨濟家風，全機大用，棒喝齊施，虎驟龍奔，星馳電掣，負衝天意氣，用格外提持，卷舒縱擒，殺活自在，掃除情見，迥脫廉纖。以無位真人為宗，或喝或棒，或豎拂明之。」以激烈迅捷為核心特色。

2.曹洞宗的創新： 偏正回互

　　曹洞宗是禪界對於洞山良价 (807～869) 和曹山本寂 (840～901) 師徒開創的宗派的概括，其影響在歷史上僅次於臨濟宗，叢林中有「臨天下，曹一角」之稱。

　　良价是青原系曇晟的弟子，弘法道場在江西宜豐境內的洞山，他的創新之處在於繼承了希遷的回互之說，發展出以偏正回互為核心的禪風和五位功勳等教學手段。

　　所謂五位偏正回互，偏喻事、用，正喻理、體，回互指融合，良价概括出五種偏正回互關係，即正中偏、偏中正、正中來、兼中至、兼中到。「正中偏」，從正位看，正位中應融合偏位，不能執著於正而忽略偏，只講理而忽略事。「偏中正」，從偏位看，偏位中應融合正位，不能執著於偏而忽略正，只講事而忽略理。「正中來」，即正位中來，偏都是從正而來，正全體起用而有偏。「兼中至」或稱「偏中至」，偏位中有正位，偏的作用全體都是正之體。「兼中到」，上面四種關係還有偏正之分，到這一層次，偏正之間達到完全的融合，無偏無正，偏正俱忘。是偏正回互的最高境界，良价稱為「銀碗盛雪」、「明月藏露」、「青山白雲」、「露地白牛」等。

　　五位功勳是講五個達到解脫的階段，功勳在禪宗中指階段、功果，五位分別是向、奉、功、共功、功功。向，趨向真理，指功勳建立之初，應建立堅定的信仰，不可中斷。奉，

敬奉真理，特指在事相中明瞭真理，前提是懂得理事圓融，
否則會執著於事而不知理。功，功用，特指從理的角度建立
功用，依理成事。共功，體現的理事關係，事隱而理顯。功
功，理事無分別，我法皆空而得大解脫的境界。

　　三路接人指三種接引學人的具體方法，分別是鳥道、玄
路和展手。鳥道原指鳥行空中了無痕跡，良价既指不說破，
讓人沒有下手處，也指路途空曠不遇一人，要依靠自己解脫。
玄路指回互的方法，無路中求有路，無語中尋有語。展手，
兩手一攤，比喻無一法可說，禪不可說，我不懂佛法。

　　本寂是良价的嗣法弟子，與其共創曹洞宗，其弘法地在
江西宜黃境內的曹山。他的創新之處是全面發展了洞山的禪
法，倡導五位君臣，這是從五位偏正而來的，君指正位，臣
指偏位，五位分別是君位、臣位、君視臣、臣向君、君臣合。
其中臣向君相當於偏中正，君視臣相當於正中偏，君臣合道
是兼中到的理事混融、內外和合、非正非偏的境界。他又歸
納出五位功勳圖，這是將原來的五位君臣、五位功勳和新提
出的五位王子（誕生王子、朝生王子、末生王子、化生王子
和內生王子）等結合在一起，構成一個系統。他又提出三種
墮、三種綱要、三種滲漏等新的看法。

　　曹洞宗門下有不斷創新的歷史，本寂四代弱傳到天童正
覺（即宏智正覺）時形成中興，天童的創新是提出默照禪。
金元時代的萬松行秀（1166～1246）也有創新，他融合孔子儒
學，提出孔門禪。

　　此宗的宗風，依《人天眼目》：「曹洞宗者，家風細密，言行相應，隨機利物，就語接人。」依《五家宗旨纂要》：「曹洞家風，正偏相資，鳥道玄路，金針玉錢，內外回互，理事混融。」以細密、回互為核心特色。

3. 雲門宗的創新：三句一字

　　雲門宗是由雲門文偃 (864～949) 創立的宗派，其禪風以孤危聳峻著稱，不是上上根器難以領悟。文偃是青原系雪峰義存的嗣法弟子，晚年的弘法地在廣東乳源的雲門山，他的禪法特色或創新可以概括為雲門三句和雲門一字關。

　　雲門三句是文偃對禪法思想的概括，本質上源於希遷的即事而真的思想。他將「涵蓋乾坤，目機銖兩，不涉萬緣」喻之為三關，又強調「一鏃破三關」，如同百丈懷海的「透過三句外」，以示對此三句也不能執著。涵蓋乾坤是指真如的本體作用，表示整個世界不過是真如的外在體現，被真如涵蓋，講真理的普遍性；目機銖兩是講看清事物的本質，看萬法的緣起性空本性；不涉萬緣是指不執著於一切境界。這三句從理事角度來看，則分別體現了理在事中、事能含理和理事無礙的觀點。後來他的學生德山緣密（生卒年不詳）則將文偃的禪法歸納為「涵蓋乾坤句，截斷眾流句，隨波逐浪句」；涵蓋乾坤句是由真如的本體作用而講即事而真；截斷眾流句是從接引方法上講的，雲門宗風的體現，截斷學人的理路；隨

波逐浪句是指接引學人時隨機接引，應病與藥，量體裁衣，根據學人不同的執著而施以相應的破執之方。

雲門一字關就是體現「截斷眾流句」的接引方法，在接引學生時，常常只說一個字，往往讓學生無法把握。比如，問什麼是雲門劍？文偃答以「祖」；如何是正法眼藏？答以「普」；如何是雲門一路？答以「親」；三身中哪一身說法？答以「要」；殺父殺母，佛前懺悔，殺佛殺祖，何處懺悔？答以「露」；如何是祖師西來意？答以「師」；鑿壁偷光時如何？答以「恰」。

雲門宗下也有不斷創新的歷史，文偃法嗣延續到三傳雪竇重顯時，有雲門的中興；重顯在雲門宗中的創新之一是頌古，作《頌古百則》，也是詩化禪學。明教契嵩 (1007～1072) 則以綜合創新方法深化三教合一，對圭峰宗密的三教融合論加以發展。

此宗的宗風，依《人天眼目》：「雲門宗旨，絕斷眾流，不容擬議，凡聖無路，情解不通。」依《五家宗旨纂要》：「雲門宗風，出語高古，迥異尋常，北頭藏身，金風體露，三句可辨，一鏃遼空，超脫意言，不留情見。」以險峻高古為核心特色。

4.溈仰宗的創新：方圓默契

溈仰宗是溈山靈祐和仰山慧寂 (840～916) 創立的宗派，在五家禪之中為開宗最早的一宗。

　　溈山靈祐是青原系百丈懷海的弟子，弘法場所在湖南寧鄉的溈山，在禪理上的創新之一是用獨特的語言表達理事不二、無心是道的觀點。他說：「實際理地不受一塵，萬行門中不捨一法，若也單刀直入，則凡聖情盡，體露真常，理事不二，即如如佛。」「實際理地」是理，「萬行門中」是事，單刀直入悟入，就是理事不二之境。這一境界又體現為他的大機大用。關於無心是道，他以「一粥一飯」的平常心來形容。

　　靈祐的創新之處還體現為三種生的理論，即想生、相生和流注生。想生指雜亂的能思之心，主觀意識；相生指所思之境，心外的事物；流注生講內心外法都處在不斷的無常流變中的對象。三種生的意思是要人們不執著於內心、外境和內外的變化之法。

　　在接引學生的方法上，靈祐除了一般的打、舉拂、踢等作略外，最有特色的是喚職銜法。比如，一天他叫「院主」，任院主的僧人就來了，靈祐就說：「我叫院主，你來做什麼？」僧人啞口無言，又叫「首座」，任首座的僧人就來了，靈祐就說：「我叫首座，你來做什麼？」僧人無言可對。院主、首座只是寺院中分工的不同，屬於體用關係上的用，體在於人自心，如果熱衷於這些職務，執著於用，就會迷失真性。

　　慧寂是靈祐的嗣法弟子，弘法地在江西宜春的仰山，他的禪法特色是用圓相接引學人。這種方法雖不是他的原創，但慧寂對此方法的使用最有影響，叢林中都公認為是溈仰宗風。具體方法，常常在一個圓圈中寫一個字或其他符號，表

示某種含義。比如僧問如何是祖師西來意，慧寂畫一圓，中間寫一個「佛」字，表示收或奪；有時在圓相中寫一個「牛」字，表示放或縱，還有表示全肯（贊同）者，不全肯者。九十七種圓相，都為暗機，根據時節因緣而隨機接引。

此宗的宗風，依《人天眼目》：「溈仰宗者，父慈子孝，上令下從，爾欲捧飯，我便與羹，爾欲渡江，我便撐船，隔山見煙，便知是火，隔牆見角，便知是牛。」依《五家宗旨纂要》：「溈仰宗風，父子一家，師資唱和，語默不露，明暗交馳，體用雙彰，無舌人為宗，圓相明之。」以父子默契為核心特色。

5.法眼宗的創新：量體裁衣

法眼宗是清涼文益 (885～958) 開創的五家中最後一個宗派，文益圓寂後諡號「大法眼」，因此叢林中稱其宗為「法眼宗」。

文益是青原系地藏桂琛的弟子，弘法地之一在金陵的清涼寺，他的創新之一體現在綜合諸家禪風，即兼有臨濟的險峻、雲門的高古、曹洞的綿密等，為綜合創新的重要典範。創新之二是對禪界提出批評，體現出創新的批判性特色。禪宗發展到臨濟等四家，已經出現各種禪弊，文益概括出十點而批評之 (參見第二章第三節)。創新之三是最為突出地引入華嚴宗理事說和唯識宗的唯識說。他以本體之心為理，心緣

起的萬法為事，理與事之間，理在事中，事中含理，理事不二，圓融無礙，他又以華嚴六相義（總別、成壞、同異）來討論這種關係，並作有《三界唯心頌》和《萬法唯識頌》來說明唯識和禪的融合觀點。

法眼宗門下的創新以文益再傳弟子永明延壽最有代表性。延壽的創新之處是在新的歷史條件下提出了融合的佛教發展觀，主張三教合一、禪教合一，雖然基本觀點來自宗密，但有新的發展，比如他曾組織佛教內的對話。他所著《宗鏡錄》成為佛學名著。

此宗的宗風，依《人天眼目》：「法眼家風，對病施藥，相身裁縫，隨其器量，掃除情解。」依《五家宗旨纂要》：「法眼家風，則聞聲悟道，見色明心，句裡藏鋒，言中有響，三界惟心為宗，拂子明之。」以應機為特色，同時融合了其餘四家的風格。

以上從正面說明了禪宗在創新中的發展。禪宗史還有另兩種角度的闡釋：一是沒有創新就沒有禪的發展；以明清禪宗為例，這一時期的禪總體上處於衰落時期，既無惠能以來的思想創新，也無五家以來的宗風創新；偶爾有些看法，也不過是古人言句，缺乏重大的創新，當然也不能有重大的發展，甚至連維持都談不上。二是為創新而創新的「創新主義」也不能促進禪的發展；正因為禪的生命在於創新，所以有的禪師在創新方面就走向了創新的形式主義，只是為了創新，

只是為了追求創新的形式，看起來似乎是創新，卻沒有將創新和創新所需要的整個社會和文化的基礎相結合，其實失去了創新的真正意義。

第二章

禪的創新特點

「為何燒我的木佛?」
「我想燒出舍利來。」
「木佛怎麼會有舍利?」
「既然沒有,我再取兩尊來燒。」

　　從創新的一般原理看，創新的根本特點在相互關聯和影響的兩個方面，一是批判性，二是創造性。創造性是指新的觀念、知識、價值、方法、能力、程序、經驗等等的產生，批判性是指對這些創造的評估，批判是破，創造是立，所以，作為創新之思維基礎的創新性思維也被表達為創造性和批評性思維 (critical and creative thinking)。這種特色在禪的創新裡面是同樣體現的，除此之外，禪的創新還體現出一些鮮明的個性化特點，比如社會觀照、文化關懷、否認權威、超越意識等等。其中的創造性特點，通過前面一章的簡要討論，實際上已經涉及到了，這裡要介紹的是禪的創新其他方面的特點。

一、社會觀照

　　禪的創新特點之一是對於社會的深入照察。禪宗高僧非常瞭解中國社會的基本特色，也非常清楚中國本土社會對於佛教的看法以及需要什麼樣的佛教形態。缺乏這種觀察，不考慮中國社會各界對於佛教的不同反應，只一味照搬印度佛教，就很難產生禪宗這樣的被稱為具有「革命性」精神的佛教類型。因此，中國禪的創新可以說是建立在社會觀照基礎上的創新。

　　印度佛教傳入中國之後，並未得到一致的歡迎，從兩漢以來，對佛教的批評意見一直不斷（當然也有正面性意見），

批評的視角有經濟的、政治的，也有倫理方面的。佛教界如果無視這些批評，將很難建立起適應中國本土社會的佛教；而禪宗的社會觀照既表現為關注到這些不同意見，又能深入洞察這些批評背後所反映的中國社會，從而成就了佛教的創造性轉型。

　　中國社會對於佛教的批評性意見，主要是來自一些儒生、道士和政府官員，就經濟層面而言，有一條就是批評佛教徒不從事物質生產勞動，不耕種，不養蠶，卻要消耗社會的物質資源。唐代儒學代表人物之一韓愈 (768～824) 在其〈原道〉一文中說，中國傳統的階層有士農工商四家，佛教和道教產生後，就有了六家；農民種的糧食、工匠製作的器物、商人交換的物品原來只要供應四類人，現在卻要供應六類人，意思是說佛教（以及道教）會影響到社會正常的經濟生活。據《唐會要‧議釋教上》載，唐代有位都官員外郎在大曆十三年 (778) 也提出這樣的批評，認為佛教徒「不耕而食，不織而衣」，一個僧人的衣食之費，「歲計約三萬有餘，五丁所出，不能致此」，全國的僧眾的費用是多大的數字，可想而知。對於佛教花費大量金錢修造華麗的寺院，特別受到指責，據《唐會要‧像》載，唐代內史狄仁傑 (630～700) 說，這些費用最終出自百姓，「不損百姓，將何以求」? 但是百姓已經承受不了這樣的經濟負擔了，「編戶所奉，恆苦不充」。唐代道士傅奕 (554～639) 在其〈唐上廢省佛僧表〉中批評佛教的這種做法是「剝削民財，割截國貯」。

　　就政治層面而言，有兩條重要的批評意見，一條就是強調夷夏論的立場，認為佛教屬於夷文化、外邦文化，中國本土文化是夏文化；中國傳統的文化觀念是夏優夷劣論，因此有人認為夷類的佛教不適合中國社會。另一條，認為大量的信徒出家，會影響到國家的基本秩序，比如說會影響到國家的兵源。

　　就倫理層面而言，主要是批評佛教的倫理價值與儒家倫理有著嚴重的衝突，如出家人穿的衣服不合中國的規矩；剃髮違背了《孝經》講的「身體髮膚，受之父母，不敢毀傷，孝之始也」的原則；出家而獨身違背了孟子「不孝有三，無後為大」的古訓；一些僧人不守戒律，也為批評者留下了口實。

　　這些批評性意見，用一個概念概括，就是「三破論」。南朝齊代有人寫了一篇〈三破論〉，批評佛教入國而破國、入家而破家、入身而破身。入國而破國，是從經濟、政治上批評佛教對國家的損害；入家而破家，是從倫理上批評佛教徒的出家生活破壞了中國傳統的家庭倫理生活；入身而破身，也是從倫理方面批評佛教徒的出家生活破壞了父母所授色身的完整性、逃避了家族延續的責任、違背基本的孝道等等。

　　雖然這些批評性意見不完全恰當，但十分真切地反映了一部分中國人，特別是非常有社會地位的本土人士對於佛教的看法，禪宗對這些意見不是完全迴避或全盤否定或者是回罵，而是加以認真的思考，歷代禪師思考的結果就是創造性

地將禪宗本土化，並且在經濟、政治、倫理諸方面體現出來。

　　鑒於中國社會的自給自足的小農經濟特點，經濟方面的社會觀照，是建立起自給自足的寺院經濟模式；實際上寺院構成了一個獨立的經濟單元，僧眾將農業生產勞動、日常生活勞動與禪修結合起來，以自身的經濟行為滿足日常所需。實際上禪宗的很多道場都是在深山裡，俗話講「天下名山僧占多」，這些道場遠離市井塵囂，生活來源除一部分生活資源是施主供養之外，主要靠自行耕作，「農禪」因而出現。這對於禪宗來說是一個重大創新，前文曾提到，在印度佛教中，比丘的一個基本意義是「乞士」，從俗人乞食以資身；佛經裡面也經常講到乞食的情形，例如，《長阿含經》卷一說：「時諸比丘於乞食後集花林堂。」連佛世尊也不例外；《長阿含經》卷五說：「世尊著衣持缽，入那伽城乞食已，至大林處坐一樹下。」現在這一傳統被禪宗改變了，僧人由乞食者變成勞動者，由受供養為生變成依自力勞動而生，禪僧不是不耕而食者，不是「剝削民財，割截國貯」者。其實精神活動也是一種勞動，「勞心」和「勞力」都是勞動，但中國傳統講的勞動，就是指體力勞動，所以農民要批評孔子：「四體不勤，五穀不分，孰為夫子？」於是禪宗就把這種體力性的農業生產勞動和日常生活勞動作為基本的禪修內容。

　　正因為這樣，禪門中的許多機鋒都和農業勞動和日常勞動相聯繫。百丈懷海門下有一僧人在參加普請鋤地時，聽到寺院鼓聲，舉起鋤頭，大笑而歸。唐代的良遂禪師（生卒年

不詳）去參訪麻谷寶徹（生卒年不詳），寶徹一見良遂，就拿
了鋤頭去鋤草；良遂追到鋤草處，麻谷轉身就回方丈室，以
此說明我無佛法。有人問臨濟義玄：「三乘十二分教豈不是明
佛性？」義玄說：「荒草不曾鋤。」

　　石霜慶諸禪師（807～888）在潙山靈祐門下時擔任米頭
一職，有一次在篩米的時候，潙山靈祐說，當心別撒在地上，
慶諸說，不會撒出來的。靈祐從地上撿起一粒米問：「這是什
麼？」慶諸無言以對，靈祐開示說：「不要輕視這一粒，百粒
千粒都從這一粒生。」慶諸說：「既然百粒千粒都從這一粒生，
那麼這一粒是從什麼地方生呢？」靈祐哈哈大笑回了方丈室，
晚上上堂開示時，靈祐說：「米裡有蟲，大家要當心。」這是
利用篩米這一勞動形式而開示。潙山和仰山放牛的時候，潙
山問：「這些牛裡面也有菩薩嗎？」仰山說：「有。」潙山問：
「哪個是？請指出來。」仰山說：「您懷疑哪個不是？請指出
來。」潙山是藉放牛這一勞動形式而開示眾生即佛的原理。有
僧人問道吾宗智禪師（769～835）：「萬里無雲未是本來天，什
麼是本來天？」道吾說：「今日好曬麥。」雪峰義存禪師開示時
曾說：「此事如同一片田地，任人耕種，沒有不承此恩力者。」

　　這些機鋒就涉及到鋤地、鋤草、篩米、放牛、曬麥等勞
動類型，僧眾的生產勞動就成為必修功課，同時，對於禪的
理解，也從傳統純粹的坐禪靜慮、看心看淨，創造性地轉化
為禪是生活，把日常的勞動視為禪修的重要內容，所以說，
挑柴打水都是妙道。

　　至於有人批評佛教花費鉅資修造寺院，禪宗中許多高僧並不熱衷於這一點，洞窟、大樹、巨石都可以是修行之地。被尊為禪宗第一祖庭的少林寺，其實並不是專為菩提達摩建的，而是北魏孝文帝為天竺僧人佛陀禪師（生卒年不詳）而建的；達摩的修行方式不是在寺中坐禪，而是在洞中面壁。牛頭宗的道林禪師（741～824）在山中見到有大松樹枝葉繁茂，盤屈如蓋，就棲止在樹上，叢林中稱其為「鳥窠禪師」，他邊上又有鵲巢，人又稱其為「鵲巢禪師」。希遷禪師是在衡山南寺東邊的巨石上結茅庵而居，人稱「石頭和尚」。很多禪僧住的就是簡單的茅棚，結庵而住，住庵的禪僧稱為「庵主」，讀禪宗燈錄，經常會有「結庵」一詞，慕名而來的僧人多了，就建些院子，其影響大到皇上也知道了，常常會「敕建」一些禪院，現在許多寺院仍可以看到這樣的題額。但禪院的建制中，也不一定設立專門的費財龐大的佛堂。

　　政治方面的社會觀照，常常通過政治交往來表達。禪門領袖或高僧多和各級社會名流，特別是上層人物甚至皇室成員，進行政治性的溝通。在禪宗中，很多禪師是國師，神秀、老安、智詵都是武則天時代的國師，其他如南陽慧忠（？～775）、鹽官齊安（？～842）、汾州無業（760～821）、天臺德韶（891～972）、鼓山神晏（生卒年不祥）、高麗慧炬（生卒年不祥）等禪師都是國師。有些禪師雖然不是國師，但在上層也很有活動空間，像荷澤神會、章敬懷暉（754～815）都是如此。在禪僧交往的官員中，有些是高級官員，比如李翱（772

～841)，曾任戶部尚書，他受韓愈的影響，對佛教有排斥的一面，但與韓愈不同的是，他又主動交僧，在刺史任上，曾拜訪藥山惟儼 (751～834)，問如何是道，惟儼答以「雲在青天水在瓶」，因而有所感悟。就連排佛最激烈的韓愈，被貶潮州時，據傳也和大顛寶通禪師 (732～824) 相識後，交往甚密。裴休 (797～870) 也曾官至戶部尚書，他和宗密成為至交，和黃檗希運也有密切交往，對佛學有著精深的見解。劉禹錫 (772～842) 曾任監察御史，交往禪僧極多，留有詩作記之，僅送僧詩今存就有二十四首。不只如此，在宗教生活方面，禪堂開堂時，主持的禪師拈三炷香，第一炷就是為皇帝，祝皇帝聖壽無窮；第二炷為當地官員，祝文武百僚，資延福壽，長光佛日，永佐明君，或祝國界安寧；第三炷才是涉及禪門。通過這種交往和溝通，可以為禪宗的發展爭取良好的政治空間，有效地表達禪宗在政治上對於社會的積極價值。

　　倫理方面的社會觀照，禪宗更多的是以居士佛教的思路解決世俗之孝和宗教生活之間的衝突。六祖惠能對此有特別的解釋，據敦煌本《壇經》，他說：「若欲修行，在家亦得，不由在寺。在寺不修，如西方心惡之人。在家若修行，如東方人修善。」這就是說，修習禪法關鍵在於明心見性，不一定要出家，在家修行同樣可以達到目的，出了家在寺院裡，如果不專心修行，還不如在家修行者。同時，在家修行並不妨礙婚姻，可以娶嫁，可以生兒育女，也不妨礙世間事業，既修習出世佛法，又不違俗世之規，既全身，也全家，盡了世

俗之孝，又可盡忠。居士佛教可以解決傳統中國社會認為的
佛教和世俗禮法的衝突問題。惠能本身就是個孝子，他在家
時，砍柴賣錢供養老母，出家投奔黃梅之前，已先安頓好自
己的老母。

　　不過，依佛教的傳統，終究要有出家僧團的存在；但只
要有僧團存在，人們總會有倫理性問題的追問，這就需要在
理論上說明佛教和儒家的孝並無衝突。這種理論工作是由宗
密和契嵩來完成的。宗密專門寫了《盂蘭盆經疏》闡述其觀
點，他認為，儒佛兩家都講孝道，這一點是共同的，但層次
上有所差別，儒家的孝是低級的孝，佛教的孝是高級的孝。
同時，在具體內容和表現形式上也有差異，從內容看，儒家
的孝體現了從天子到庶人之間的不同等級的孝，不平等；佛
教的孝，孝順的對象是父母、師僧和佛法僧三寶，不講人的
等級，眾生平等。從形式看，生前的供養和死後的追思，儒
佛都不同。契嵩則是認為雖然各教都講孝，但佛教特別講孝，
他作《孝論》十二章，比較系統地闡述了佛教的孝論。

　　禪宗在不同階層和文化對佛教的批評意見中，發現了傳
統佛教存在的問題，並著手解決。這說明創新必須要有問題
意識，關注問題的存在；越是重大的創新，越是需要對社會
深入的瞭解，解決重大的問題，絕不能閉門造車。特別像佛
教作為一種外來的文化，進入另一社會環境中生長，如果對
中國的社會環境不深入瞭解，如何能夠順利生根、成長？

二、文化關懷

　　禪宗的創新特點之二是文化關懷。這種文化關懷體現為禪宗深入瞭解本土社會的文化精神和特點，巧妙地與之接近、融合，並在禪文化中體現出來。禪宗創立的時候和佛教初傳進入時候的情形大不相同了，佛教傳入之後，就有一大批外國僧人在中國從事傳教工作，他們對中國文化的瞭解雖日益加深，總還有隔了一層的感覺，包括譯經大師鳩摩羅什(343～413) 也是如此，如僧肇就曾說羅什翻譯的《百論》也有「方言未融」的情形。而禪宗中的重要人物，雖在把握本土文化的精神方面存在著程度上的差異，但除初祖菩提達摩之外，幾乎都是本土人士，對本土文化的瞭解自然要深入得多。一些禪宗領袖對文化精神的把握非常純熟，人們一看他們的作品，就會準確地斷定其思想表達是中國式的，而不是印度式的，但又確實不是本土的儒學和道教，而是佛教，是中國禪，這就體現出禪宗在文化關懷程度上，與其他宗教之不同。

　　中國本土文化的兩大主要類型就是儒家和道家，儒家文化是倫理性和政治性結合的，體現的是倫理政治或政治倫理精神，道家文化是超越性的，體現的是自由精神，這兩種精神及所反映的文化內容，禪宗都精妙地體現出來了。所以有

學者說，禪宗具有儒學化和莊學化的特點。對於儒家倫理精
神的關注，形成了禪宗的倫理；對於道家自由精神的關注，
形成了禪宗之道，通過這兩者體現出禪的本土化特徵。同時，
禪宗還對於儒家和道家的其他文化問題也予以高度關注。在
這一點上以惠能為突出的代表，他使禪的理論達到了完全的
本土化。雖然惠能本人不識字，但不等於他沒有文化，他做
出了最有文化的事。在此，不妨以惠能為例討論一下中國禪
的文化關懷。

　　在心性論上，惠能關注儒家的心性論傳統，提出自己的
禪宗心性論。其心性論主要是討論人心本質中本來就具有的
清淨性、佛性和智慧性。印度佛教本來就有一個心性論的理
論傳統，中國儒家和道家也有這樣的傳統。惠能在根據佛教
傳統建立心性論的時候，非常關注儒學心性論的表達，因此
可以說惠能的心性論是儒學化的，具體表現為三點，一是心
性論的人性化，二是心性論的道德化，三是心性論的本智化。

　　所謂心性論的人性化，是像儒學一樣以人性論為核心講
心性論。儒學講心性論突出了人性論的內容，人的本性是什
麼？孟子講性本善，又有「人皆可以為堯舜」之說，這種觀
點成為儒學的主流。傳統佛教的心性論討論的重要內容是佛
性論，惠能主張佛性即人性，把佛性化為人性；佛性常清淨，
他表述為人性本淨，人就是佛，佛就是人。後來的禪學常常
講人性論，比如黃檗希運就講，祖師西來直指一切人全體是
佛。這就有惠能的影響。

　　心性論的道德化，是說像儒學那樣不只是純粹的形上學立場，更從道德的立場討論心性，這個立場涉及善惡問題。孟子的性善論主張人先天就具有惻隱之心、羞惡之心、辭讓之心和是非之心這四種「善端」（即善的種子），惠能的佛性論似乎沒有直接討論人性之善或惡，但佛教講的清淨，從價值觀上說，就是與善相聯繫的，惠能講人性本清淨，也是講人性至善無惡。從修養論看，惠能強調去惡從善。因此說其心性論帶有道德化的內容。這就有惠能的影響。

　　心性論的本智化，是講惠能像儒學那樣強調心本身包含有先天的智慧來省察自心的善性。在孟子那裡，這種智慧是不慮而知的「良知」，在惠能那裡，就是本有智慧。

　　在語言和真理的關係問題上，惠能關注儒家、玄學和道家的觀點，提出自己的看法，超越了本土的言意論。《老子》開篇第一句話就說：「道可道，非常道，名可名，非常名。」確立了道家對真理與語言關係的觀點——語言、概念無法完整準確地把握或表達終極真理；《莊子·知北遊》講「天地有大美而不言」，《易傳》則說「書不盡言，言不盡意」。到了魏晉階段，玄學有一場關於這一問題的爭論，荀燦（約 209～238）、王弼 (226～249) 等主張言不盡意，認為語言不能窮盡真理，語言的作用是有限的；王弼在《周易略例·明象》中說，要把握真理的意義，就要忘卻語言：「得意在忘象，得象在忘言。」另一位玄學家歐陽建 (?～300) 則持相反的觀點，撰〈言盡意論〉，認為概念（名）完全能夠反映對象（實）的

內容。惠能關注這一歷史文化論題，作出了超越性的解釋，針對禪界執著的禪不可說、不立文字的觀點，指出「不立」兩字已經是文字，實際上離開文字也不能表達禪意，他主張在不立文字和立文字之間採取中道的方法，這就是「不離文字」。這不是傳統的言不盡意和言盡意的對立兩邊，語言和真理之間，是二而不二，不二而二的。也就是說，對於禪師來講，禪不可說，但又不得不說，禪師所說，是說不可說之說。後來有的禪師為了表達這一意思，就使用一些奇特語，在旁人看來，不知講的是什麼。比如有人問什麼是道，回答或是「麻三斤」，更為極端的，就用肢體動作來代替言說，所以叢林中充滿了拳打腳踢的接引手段。

在知和行的關係上，惠能關注諸家知行論，提出自己的看法，超越了傳統的觀點。傳統的知行觀側重於難易、輕重、先後等問題，如《尚書·說命中》講「非知之艱，行之惟艱」，就表現出了「知易行難」的觀點，孔子講「聽其言而觀其行」，墨家講行重於知，荀子則重行，把知行統一於行，就表現出了「知輕行重」的觀念；孔子和孟子都有生而知之的看法，董仲舒講「知先後為」，就表現出了「知先行後」的觀點。惠能從定慧角度談這個問題，提出「定慧等」的觀點，把兩者視作完全統一的整體，言定時，慧在其中，說慧時，定在其中，不論從定或慧入手，都能達到兩者的統一。後來王陽明講的知行合一和惠能的這個定慧合一是有承繼關係的。

在修行觀上，惠能也關注了傳統的修行方法，提出自己

的無修論。孔子的為己之學中，提出了「未學之學」，惠能無修之修的思路與方式與此非常相近，也與道家無為之為在方法上一致，惠能講的無念、無心和《莊子·徐無鬼》中匠石運斤的寓言體現的無心觀點也很相似。這種無修之修成為禪宗的一個修行傳統。

在思維方式上，惠能關注中國傳統的思維習慣，非常注意中國人是怎麼思考問題，特別是怎麼思考與生死解脫有關的宗教類問題的，並用這種思維方式表達自己的禪學思想。中國人的思維傳統，既有直覺思維、模糊思維，也有辯證思維，惠能繼承了傳統中的直覺傳統，同時，思辨的傳統則和佛教的中觀相聯繫。正因為如此，讀惠能的語錄，表面上看來是不累的，但反映的內容卻很深刻，和《論語》這樣的語錄體相似。中國佛教其他的一些宗派像天臺宗、華嚴宗、唯識宗的發展都沒有禪宗長久，原因之一就是它們遠離了中國人的直覺思維和模糊思維傳統。

在宗教心理上，惠能關注中國人的信仰傳統，並提出自己的信仰觀。中國人一方面需要一個神，有對天地君親師的崇拜，特別是帝王崇拜，另一方面又反對神靈對於日常生活的過多干預。同時，對於太過長久的解脫之途、太過複雜的修行和理論，都不是很熱衷。印度佛教的禪修，有一個複雜的程序和較長的修行過程，中國佛教的一些宗派，也是繁瑣和複雜的，天臺宗、唯識宗都是如此。中國禪宗的北宗，雖然也講頓悟，但更主要的特徵是看心看淨，強調漸修。惠能

根據中國人的傳統心理，一是強調心外無佛，眾生即佛；儒家講人人都是堯舜，惠能講人人可以成佛。二是強調快捷和簡易，快捷即成佛的迅速，頓悟成佛，唯頓無漸，一悟而成永恆；簡易即方法為簡單平易，不需要刻意依不同漸修程式的修行，禪是生活，日常生活的一切就是修行，平常心就是道。

　　除了惠能，禪宗中許多高僧都有這樣的本土文化觀照的自覺。比如圭峰宗密，他的文化觀照是通過三教融合來體現的，他對儒家和道家思想有批評也有會通，是在批評基礎上的會通，認為儒釋道三教教主都是聖人，他們設教的方法雖有所不同，但都有利於眾生，都有相同的教化功能。三教在教化方面的相同性，表現為佛教五戒和儒家仁、義、禮、智、信五常的相通，儒家乾道的元、亨、利、貞四德和佛教常、樂、我、淨的涅槃四德相通，儒家的孝道和佛教孝道方面也有融合之處。

　　正是這樣的文化觀照，使得禪實際上完全成為本土文化的一個類型，談中國文化的基本內容，一般講儒釋道三教，佛教也成為中國文化的重要組成部分，禪宗的創新性發展實起著重要的作用。禪宗從對本土文化的關注和回應中，實現了本身的本土化過程，這也說明，創新必須有深入的文化關懷。越是大的創新，越要有文化感，如果無視所處的文化環境，只封閉於自身之內，即使有所創造，很可能就不能適應社會，特別是不適應於文化，這需要創新者有較高的文化素養和文化關懷意識。

三、批判意識

　　禪的創新特色之三是自覺的批判意識。創新的內在特性之一就是批判性，這在禪的創新中更有獨特的體現。宗教本身常常以其天國的預設來體現對現世的否定和批判，如基督教和伊斯蘭教都是如此；佛教也有這一特色，即以苦的價值判斷批評現實人生的不自由和不完善性，以三界火宅、五濁惡世等觀念批判現世的不合理性和惡的現象，淨土宗更以西方淨土的設定來否定現世的清淨特性。禪宗繼承了這種批判性，以兩種方式呈現出來，一是佛教的傳統方式，即強調世俗的現實社會和人生的不合理性，這是人需要解脫的基本前提，此為隱性的批判；二是直接批判各種錯誤的或不符合佛教精神，特別是禪宗精神、南宗精神的文化、觀念和行為，直接批判禪界內部毫無創新的思想和行為，此為顯性的批判。這裡的批判意識主要是從第二個層面來講的。

　　惠能的禪法包含了對於禪宗內部北宗漸修法門的批判，是基於南宗禪立場的批判。據敦煌本《壇經》所載，北宗禪傳統所教授的禪修法門是看心看淨，坐禪就「不動不起」。惠能批評說，此法大錯。因為「若言看心，心原是妄，妄如幻故，無所看也。若言看淨，人性本淨，為妄念故，蓋覆真如」，心本來是清淨的，生起一個看淨的心，本身就是虛妄。淨土

法門強調往生西方清淨之地，惠能批評對於淨土信仰的錯誤理解，強調關鍵之處在於心淨，如果自心清淨，就離西方不遠，如果心不能淨，念佛也難到西方。心行十惡，哪個佛會來接引你？這即是惠能著名的「自心淨土說」。

有人認為信佛教一定要剃髮出家，惠能批評這種片面的佛教信仰論，只要是真心信仰，真心修行，那麼不在於外在形式的出家或不出家、在寺不在寺；出家人如果不真實修行，還不如在家修善之人。

僧人法達（生卒年不詳）自認為對《法華經》有心得，但迷於經，不能對經文的思想有通達的瞭解和把握，惠能批評他是被經文所「轉」，而不能「轉」經。如何對待權威的經典？不是教條主義式機械性地理解；如何才能創造性地對待經典？「心行轉《法華》，不行《法華》轉。心正轉《法華》，心邪《法華》轉。開佛智見轉《法華》，開眾生智見被《法華》轉。」

荷澤神會更是在批判中確立了南宗禪的地位，他公開批判神秀系的北宗，顛覆禪宗既有的政治格局，這不僅要有理論勇氣，還要有不惜生命的冒險和犧牲精神。

對各種思想進行全面批判的是圭峰宗密，他對儒家、道家、佛教教門中除華嚴宗之外的各類思想，以及禪門中除荷澤神會禪法之外的各種禪法，進行了基於華嚴禪立場的全面批判，依此批判而有創新性的「融合」佛教的提出，指出佛教應該走融合的發展之路——三教合一、禪教合一、頓漸合

一。

具體的批判方法，如在批判儒道時，宗密把這兩家的思想歸納為四個方面，即大道生成論、道法自然論、元氣論和天命決定論，從邏輯和社會現實的角度，批評這四種理論都沒有真正探究到人的本原，不是終極的「原人」論，因而是「迷執之教」。

對於佛教的批判，宗密將佛教的各種理論歸納為人天因果教、小乘教、大乘法相教、大乘破相教和直顯真源教，其中，人天因果教以業為人的本原，小乘教以色、心二法及貪、瞋、癡三毒為人的本原，大乘法相教以阿賴耶識為人的本原，大乘破相教只講空而不立人的本原，這四者的理論都是有缺陷的，也有邏輯上的困難，雖然高於儒道之教，但也沒有真正探究到人的本原，只是「偏淺之教」。

宗密認為就禪宗而言，流派眾多，但最典型的重要派別則有北宗神秀系、劍南淨眾宗、保唐無住系（保唐宗）、洪州宗、牛頭宗、宣什宗（南山念佛宗）和荷澤宗。除荷澤宗外，各宗都有缺陷，因而是「末宗」，只有荷澤宗是「本宗」。對於「末宗」的具體缺陷，宗密都有詳盡的分析。正是基於這種批判，宗密才進一步強調佛教內部禪的頓漸融合、禪教融合的必要性。

另一位像宗密那樣對禪宗本身提出批評者，是法眼文益禪師，他在〈宗門十規論〉中批評禪界有十種禪病，在此種批評基礎上，而有法眼宗風的綜合創新：

第一、**自己心地未明，妄為人師**　自己沒有開悟，沒有發現本心，就急於做住持，濫稱自己為善知識，就想圖一個虛名，這樣卻貽害參禪者，「聾瞽後人」。

第二、**黨護門風，不通議論**　達摩西來，並不存在一個門風問題，但後世宗師相傳，卻沿革著不同的門風，他們的繼法子孫，護宗黨祖，致使後世禪林矛盾相攻黑白不辨，「是非鋒起，人我山高」。文益認為這樣的行為即使是出於善因，也終將招致惡果。

第三、**舉令提綱，不知血脈**　所謂血脈，是講禪宗中一些具體的教學手段或接引方法都有其來龍去脈和所針對的具體情形，而有的禪師不瞭解這一點，剽竊人家言語作為自己的教學手段，既不能創新，也不能正確使用這些方法，比如說只知「放」而不知「收」，只能「生」而不會「殺」，不懂如何收放自如，殺活自在，從而埋沒了古人的宗旨。

第四、**對答不觀時節，兼無宗眼**　禪師既無接物之心，又無破邪之智，只有棒喝亂施，圓相互出，不辨綱宗，更無宗眼，誑諕僧眾，欺昧聖賢，讓旁人恥笑。

第五、**理事相違，不分觸淨**　理與事之間，祖師們都瞭解理事圓融之理，事依理立，理假事明。曹洞的偏正，臨濟的主賓，都是理事相融的體現。理事之間，假如有理而無事，則汗漫無歸，有事而無理，則滯泥不通，而當時禪門中不知這一理事無礙宗旨，致使觸淨不分，譊訛不辨。

第六、**不經淘汰，臆斷古今言句**　古人的言句，在不同

情景下有不同的意義，比如有逆順之機，有回互之語，對於這些都要分辨明白，而有的禪師卻不是這樣，不加辨別地任意引用，這也沒有任何創新之處。

第七、記持露布，臨時不解妙用 露布指語言，禪師的機鋒話語。習禪的人，如果只記得禪師的一些語言，以為這就是對於禪道的妙解，其實並不是真正的覺悟。覺悟要在自己腳跟下用力，發現自己的心性，但是叢林中許多學人卻不是這樣，而以重複一些機鋒語言作為修行的基本方法，這是死在句下，也缺乏創新。

第八、不通教典，亂有引證 藉教悟宗是禪宗自達摩以來的傳統，藉教之「教」，意義之一是指經典；但禪宗引用經教有兩個前提，一是要明瞭佛意，二是要明祖師之心，然後可以加以比較。但有的禪師卻是不明義理，盲目引用經典，結果只是遭他人哂笑，有辱門風。

第九、不關聲律，不達理道，好作歌頌 宗門中的歌頌詩偈，形式不同，其目的在於表達禪理，有的人不知這一點，而只執著於這種表達形式，又缺乏作詩作頌的天資，以至於呈醜拙而亂門風。

第十、護己之短，好爭勝負 禪宗發展過程中，產生了許多習禪的禪社團體，但有的禪僧，竊得禪社住持之位，以為自己已得最上乘法，護自家之短，毀他人之長，破佛禁戒，棄僧威儀，不知慚愧，不知羞恥。

　　禪師的批評方式多種多樣，不一定局限於言說。百丈懷海在馬祖道一門下時，有一次跟隨馬祖行路，聽到野鴨的叫聲，馬祖問：「什麼聲音？」懷海說：「野鴨聲。」過了一會兒，馬祖問：「剛才的聲音向什麼地方去了？」懷海不假思索順口答道：「飛過去了。」馬祖一把扭住懷海的鼻子，痛得懷海直叫。馬祖說：「再說飛過去啊？」懷海於是大悟。馬祖這裡是以特殊的作略（教學方法）來對學生在修行中的不當之處提出批評。為什麼說飛過去就要被擰鼻子呢？這個公案是需要去參究的，理解之一可以是，懷海當時心隨境（野鴨）轉，成為執著，不符合禪的無心的修行原則。有僧人問馬祖：「如何才能達到『合道』的境界？」馬祖答：「我早就不合道了。」這一句已經表示你問得不當了，但該僧仍然不知有錯，繼續問：「什麼是祖師西來意？」馬祖於是舉拂子就打，邊打邊說：「我要是不打你，要讓叢林中笑話我的。」為什麼要打他？用這種激烈的方法表示你問錯了，禪道不是向外馳求得來的，不是這樣問得來的。這類「動作型」批判方法在禪宗叢林中非常普遍。

　　禪界有時以一種創新禪法的推出作為對於已有禪法的批判，比如說，宋代曹洞宗宏智正覺禪師的默照禪就是對當時流行的、包括他自己曾推動過的文字禪的批判，以禪燈默照反對大立文字的繞路說禪。而默照禪出現後，又遭到宋代臨濟宗楊岐派僧人大慧宗杲的批判，他斥之為「默照邪禪」，是斷佛慧命的修行方法，針對此法，他提出看話禪，參公案中

的一段話，稱參話頭。但這種方法後來又遭到民國高僧虛雲 (1840～1959) 的批判，虛雲禪師認為「話」就是說話，「頭」就是說話之前，所謂「話頭」，就是一念未生之際。如果一念才生，已經成「話尾」了。所以，參話頭應當是參祖師未說出此話之前的心意，否則就是參話尾了。

禪宗史上每一種創新觀念的形成，往往是以批判為基礎的，而每一種貌似創新的純粹模仿，也都遭到猛烈的批判，因此可以說，沒有批判就沒有真正的創新，沒有批判意識就沒有創新意識。不能提出批判，說明不能發現問題，就不能擺脫傳統方法中不適用部分的制約。禪的創新歷程，也因此是批判的歷程。

四、否認權威

禪的創新特點之四是否定權威崇拜。宗教一般都要強調權威意識，這種權威是神權的體現，最大的權威當然就是各教崇拜的最高精神存在，一神教的創世神，如基督教的上帝，伊斯蘭教的真主，是全智全能的主宰者、審判者，在基督教和伊斯蘭教生活中形成上帝和真主權威崇拜。佛教，尤其是大乘佛教，也有這樣的崇拜意識，體現在對佛和佛經的崇拜，把佛神聖化、偶像化，把佛經神聖化。但在禪宗中，這種權威崇拜卻遭到否定，這表現為自心即佛、呵佛罵祖、反對經

典崇拜等思想和行為。單純的否認權威本身並不等於創新，今天批評這個權威，明天否定那個權威，都不能說是創新。禪宗的否認權威，不只在於破，也有立；在破中立，也在立中破。同時，禪宗也有著獨特的心性論的理論支持。從這個角度看，這種否認權威的精神，成為禪宗創新的重要特點。

　　「自心即佛」是禪宗根本理論之一，這種心性論和佛教傳統的心性論之不同在於，佛教一般講的佛是存在於眾生之外的外在佛，而禪宗講的佛是先天內在於自心的，所謂佛性也就是人的內在本性，從這個意義上說眾生即佛。禪宗將眾生和佛、眾生之性和佛性的關係比喻為冰和水的關係，離水無冰，離冰也無水；同樣，離開眾生就沒有佛，離開佛也無眾生。冰性就是水性，水性就是冰性；同樣，佛性就是眾生性，眾生性就是佛性。惠能則強調「自佛」的概念，心外無佛，佛外無心。心外無佛的意義是說離自心之外沒有真佛可求。自心即是佛，佛即是自心，自佛是真佛，只有自心佛對於眾生自己才是真正有意義的。這種佛性論構成禪宗創新精神最根本的理論基礎，對自心佛性的追求也是禪宗創新精神的重要體現。

　　呵佛罵祖則是建基在禪宗心性論上反對權威崇拜的強烈表現。呵佛是呵斥對心外之佛的崇拜，罵祖則是對崇拜心外之祖的批評，都是強調對自心之外的權威的否定。臨濟義玄把眾生心中的佛稱為「無位真人」，又以「乾屎橛」來形容之，當有人問他「什麼是無位真人」時，他卻說「無位真人是什

麼乾屎橛」。義玄又罵佛是「幻化身」，祖師都是「老比丘」。乾屎橛喻指極髒穢之物，義玄這樣說，有打消人們對於無位真人的執著，否定無位真人的權威性之義，當然也有如同莊子的「道在尿溺」之意。後來叢林中也有人用這個譬喻，最著名者如雲門文偃禪師，有人問什麼是佛，他回答說「乾屎橛」，有人問什麼是釋迦身，他也回答說「乾屎橛」，用意和義玄相同。用汙穢之物來呵佛罵祖，在叢林中成為一種模式，比如，北宋臨濟宗高僧琅琊慧覺禪師（生卒年不詳）說「十方諸佛是個爛木橛，三賢十聖是個茅溷頭籌子」。北宋臨濟宗高僧葉縣歸省（生卒年不詳）罵清淨法身是「廁坑頭籌子」。唐代德山宣鑒禪師 (780～865) 則罵佛是「西天老比丘」，唐代高僧國清院奉禪師（生卒年不詳）罵釋迦是「牛頭獄卒」，祖師是「馬面阿旁」。

　　唐代的丹霞天然禪師 (739～824) 以燒佛的舉動極端地體現了這種否定權威的精神，有一年冬天十分寒冷，丹霞在掛單的慧林寺裡就把木質的佛像燒了取暖，院主罵道：「為何燒我的木佛？」丹霞用棍子撥著火灰說：「我想燒出舍利來。」院主說：「木佛怎麼會有舍利？」丹霞說：「既然沒有，我再取兩尊來燒。」丹霞燒佛，聲滿叢林，其內在的思想基礎則是自心真佛論，他曾說：「金佛不度爐，木佛不度火，泥佛不度水，真佛內裡坐。」金屬做的佛像經不住熔爐的冶煉，木質的佛像經不住火燒，泥質的佛像經不住水浸，只有自心真佛才端坐於內心。雲門文偃則有殺佛之語，同樣體現了這一精神。佛

教對於佛世尊的降生，都記為世尊初生下，就一手指天，一手指地，周行七步，目顧四方，說「天上天下，唯我獨尊」。文偃說：「我當時要是看見了，一棒子打殺了給狗吃掉，也圖個天下太平。」

禪宗除了呵佛罵祖，對於佛經的權威也持否定態度，這與一般宗教不同，一般的宗教都強調宗教經典的絕對權威，而禪宗則反對教條主義地對待經典。大珠慧海（生卒年不詳）說，經論都不過是紙墨文字，而紙墨文字都是空。他覺得經典只是「傳」佛意，而不是「得」佛意，因此他反對單純的誦經，認為這就像鸚鵡只學人言，不得人意。對於經典，要見月忘指，得魚忘筌。月亮在哪裡？有人用指一指，順著手指看，見到了月亮，但手指本身不是月亮；筌是捕魚的籠子，而不是魚本身，所以不能執著於指和筌。臨濟義玄說，三乘十二分教，都是「拭不淨故紙」，即三乘佛法的十二種類型的經典，都是擦屁股的廢紙，也是用汙穢化的方式來否定。趙州從諗禪師聲稱自己每天只讀一個字，表達對於讀經的反對態度。大慧宗杲則強調不要「為古人規矩之所限」。

禪宗為什麼要呵佛罵祖？重要的原因是防止人們在權威崇拜的意識下不能獨立思考和超越既有的權威。在權威崇拜之下，思考問題不是首先考慮實際上的因緣條件，而是想先看看權威是怎麼說的、經典上是怎麼講的，權威說的、經上講的，就是絕對正確，如此一來，思想便被束縛，形成權威思維的定勢，這也是一種自我矮化。所以臨濟義玄說，你如

果向外求佛，就被這個佛的思想所攝受控制；如果你向外求祖，就被這個祖師的思想所束縛。所以他提倡「殺」，遇著便殺；逢佛殺佛，逢祖殺祖，逢羅漢殺羅漢，逢父母殺父母，逢親眷殺親眷。佛、祖、羅漢、父母、親眷，比喻各種不同的權威，殺，表示破除權威崇拜，不被權威的思想束縛，這樣才能消除思維的惰性，打破自我矮化心理，才有自由思考的空間，才可能有創新。

五、超越精神

　　禪的創新特點之五是強調超越。這種超越性體現為對於傳統的超越，對於現存狀態的超越，可以說超越性才是創新本質屬性。超越在禪宗有不同層面的含義，既是目標，也是手段。作為目標，是解脫的境界；作為手段，是講通過超越而達到解脫的境界。

　　作為目標或境界的超越，是創新的結果，佛教常常把超越理解為達到一個更高的境界，超越天人路，超越忉利天，超越世間，超越九劫，超越三界，最高的境界也稱為「超越心地」。禪宗中把「超佛越祖」作為一個核心理念來追求，經常談論超佛越祖之理，經常提問的一個問題就是：「如何是超佛越祖之談？」對這個問題最為著名的回答就是雲門文偃的「餬餅」。太虛法師(1890～1947)在《中國佛學》一書中將惠

能以下到五家七宗之間的禪稱為「超佛祖師禪」，把五家七宗的禪法稱為「越祖分燈禪」，突出了禪的超越特點。

叢林中有一則「長沙進步」公案。唐代長沙景岑禪師（生卒年不詳）說：「百尺竿頭不動人，雖然得入未為真。百尺竿頭須進步，十方世界是全身。」雖然到了百尺竿頭的境界，一般人就駐足不前了，但這還不是真正的禪境界，還必須繼續進步，才能進入自由之境，這講的就是不斷超越。叢林中經常提的一個問題就是：「百尺竿頭如何進步？」南泉普願答以「更進一步」，五祖法演答以「快走」。有時禪師就直接問個「如何進步」的問題，比如：「險惡道中如何進步？」「無目底人如何進步？」「古路無蹤如何進步？」「實際理地如何進步？」禪宗中常講的「向上一路」，也是指超越之路。禪門中一向認為，這個向上一路，是「千聖不傳」的，所以只有靠自己體會得出。

這種超越，既是超越的，又是內在的，不是離開人自身的世界而達到神的世界或理想世界，而是在人自身的世界內實現人生境界或終極價值，從這個意義上，可以稱為「內在超越」或「不分離的超越」。具體而言，這種超越體現在多個方面，比如說：

佛和眾生之間，佛是對眾生的超越，超越眾生而成佛，但佛不是離開眾生而獨存，眾生和佛，眾生心和佛心，是同一個對象，每一個佛對於眾生來講都是具體的，內在於自性，所以禪宗講「即心即佛」，不是離開眾生超越成佛，而是提升

眾生至佛的境界。

菩提和煩惱之間，菩提是對於煩惱的超越，但南宗並不是講離開煩惱而另覓菩提，而是化煩惱為菩提，或者說，「即菩提而成菩提」。惠能說，你前一個念頭還執著於煩惱，這就是「煩惱」，後一個念頭離了這種執著，就是「菩提」。

清淨和染汙之間，清淨是對於染汙的超越，但不是離開染汙而另覓清淨，而是「即染而淨」，把染汙轉化為清淨，如同化腐朽為神奇。蓮出汙泥而不染，沒有汙泥之染，哪有蓮花之潔？

淨土和穢土之間，淨土是對穢土的超越，淨土宗強調以西方淨土超越娑婆世界的五濁惡世，禪宗則講不離自性而求淨土，惠能認為，只要自心淨，就沒有罪愆，就是佛土淨，這是禪宗的自性淨土觀。這要求在人的現實生活世界實現理想的淨土世界，成就「人間淨土」。

世間和出世之間，出世是對俗世的超越，但禪宗的出世並不是離開俗世間，而是如惠能所講「勿離世間上，外求出世間」，把人世間轉化、建設為清淨的出世間，現代流行的人間佛教就是這個思路。

作為手段來說，禪的超越性是觀念、價值、方法的創新，對於禪宗歷史來說，是一種創造。達摩的二入四行禪法對於中國佛教傳統中的南方義學和北方禪學來說都是一種全新的思想和方法，禪門的藉教悟宗和教門的依教立宗來說也是全新的思路。道信和弘忍將勞動引入禪修，是對傳統修行觀的

突破，惠能提出的佛性論、無修論和頓悟論，則是對於禪宗
理論的全面創新，青原行思的「廬陵米價」代表了接引方式
的創新，從惠能的平實語言轉向了後世叢林中的奇特語言，
從而使禪的機鋒和隱喻成為一種趨勢，百丈懷海制訂叢林清
規是禪宗的制度創新。這類例子還可以列出更多，可以說，
禪的創新的歷史，也是不斷超越的歷史。

　　這種超越精神對於禪的創新有何啟發意義呢？創新就是
超越，但這種超越和創新並不是完全離開現有條件而另覓所
謂理想條件，完全可以從現有條件下尋求創新的空間，這正
是禪的創新之魅力所在。創新性的人才並不一定在你的生活
圈之外，而是你周圍的每一個人，因為從本性上講眾生即佛，
問題在於如何開發其創造性的潛能。理想的境界並不在於你
當下的現實境界之外，問題在於如何創新性地將現實境界轉
化成理想境界。

第三章

禪的創新類型

「請師安心。」
「把你的心拿來幫你安。」
「覓心了不可得。」
「為你安心完畢。」

　　禪的創新類型有許多的表現，突出的有綜合創新、原始創新、個性化創新、模仿創新、制度創新等幾大類。綜合創新或稱集成創新，是綜合各種不同對象的優點於一體，將其有機整合而構成的創新，其特點是博採眾長；綜合創新的每一個部分可能都不是原始創新，但其整體功能卻不是每一個具體的創新在其原創者那裡所具有的。原始創新的特點是前所未有，是從無到有的創新，綜合創新不完全等於原始創新，但可能包括了部分的原始創新。個性化創新強調的是獨創性，它也許是來自原始的創意，也許是綜合創新，其特點是獨此一家。模仿創新是在前人已有發明和發現的基礎上創新，而不是單純的模仿，單純的模仿是一種抄襲，模仿創新更多的不是模仿，而是創新。制度創新是通過制度化的變革和創造而實現的創新，並且把創新的思想、觀念等用制度的形式確定下來。

一、綜合創新

　　綜合創新的基本特色是將不同對象中的優點有機地綜合在一起，博採眾長地形成一個新的整體，但又不是簡單的機械性組合或拼接。新的綜合體必須是一個獨立完整的、功能獨特的有機和諧的存在體，在這個新的綜合體中，每一種被綜合起來的元素，和這個元素原來的狀況相比，也都有所變

化或改進，而不是純粹的照搬。比如，太空梭就是綜合了飛機和火箭技術的一種創新，而其包含的飛機和火箭技術也和一般意義有著許多區別。又如，中國佛教對於中國文化來說是一種創新，因為它不是中國文化本有的。從創新的類型看，它總體上是一種綜合創新，綜合了印度佛教和中國文化的基本要素而形成，既不完全同於印度的佛教，又不完全同於本土的文化；既是印度佛教的發展，又是中國文化的表現。禪宗則更體現了這種綜合創新特色，隨著佛教的發展大致可以概括為三種類型：綜合三教而創新，綜合禪教而創新，綜合禪淨而創新。第一類創新是在禪宗創立之初經常體現的，並貫穿於禪宗發展的始終，第二類是禪宗發展到比較繁榮的階段時提出來的，第三類是禪宗發展到淨土宗非常興盛的宋代時提出來的。許多創新性的禪師走的是綜合創新之路，如神秀的方便通經是綜合禪與經教而創新；永嘉玄覺的禪法是綜合天臺與禪而創新；惠能的禪法是綜合中印文化和儒釋道三教而創新；宗密的禪法是綜合三教、禪教、頓漸而創新；永明延壽不但繼承了融三教、禪教而創新的傳統，更提倡綜合禪淨而創新；萬松行秀綜合孔子儒學和禪學，形成孔門禪等等。這裡主要著重介紹禪學思想綜合創新的三大典型：惠能的綜合中印、三教而創新；宗密的綜合三教、禪教、頓漸而創新；延壽的綜合禪淨而創新。

1.惠能禪學的綜合創新

惠能禪的綜合創新，所綜合的文化因素包括印度佛教和中國本土文化兩大部分，是綜合了印度佛教空、有兩大理論和中國本土文化中儒家、道家、玄學乃至墨家的一些重要思想創新而成。有的學者常常突出惠能禪的中國化特點，卻輕視了其作為印度佛教的繼承和發展的方面。惠能禪學對於印度佛教的綜合可以從兩個方面來看，一是他對於印度佛教經典的關注，二是其禪學中的印度佛教思想體現。從其對於中國文化的綜合來看，有學者認為他的禪是儒學化或莊學化的；其實它兼有儒和莊的因素，又不限於此。

惠能禪學對於佛教經典的綜合，充分體現了禪宗藉教悟宗的特點，惠能特別關注的經典包括了《金剛經》、《涅槃經》、《大乘起信論》、《維摩詰經》等。

綜合《金剛經》而創新

惠能綜合《金剛經》的思想，闡述了空的理論。般若空觀是惠能禪學的基本特色，而這種空觀主要是來自對《金剛經》的綜合。

《金剛經》突出的是一個「空」字，集中反映了印度佛教中觀學派的理論體系。經文講人我空，沒有我相、人相、眾生相、壽者相，四相皆空，在此空觀基礎上提出「無所住」

的觀點，對於聲色香味觸法等人的感官反應都不能執著，心無所住，念念無住，「應無所住而生其心」。經中又強調法空，主張「不生法相」，即對諸法之相不生執著之心。經文的結論是經末的四句偈：「一切有為法，如夢幻泡影，如露亦如電，應作如是觀。」

　　惠能的禪學體系突出了《金剛經》的地位。惠能出家的最初因緣是聽《金剛經》而有所悟，後來，弘忍見到惠能的得法偈，三更為惠能說《金剛經》。惠能說法時，明確指出只要持《金剛般若波羅蜜經》一卷，就能明心見性，入般若三昧。惠能綜合此經的觀點，強調了空的思想，心空性空，以空的觀念破除眾生對心外之佛的崇拜，突出眾生的本有佛性；以空觀論其法門宗旨，強調無念、無相、無住的三無思想，於念而不念，於相而離相，念念不住（這裡的「無念」觀，也和《大乘起信論》的思想相關）。以空的觀念批判傳統的禪定觀，強調無修之修的修行觀；以空的觀念闡述禪門軌式，主張無相懺悔的懺悔觀，以及無相三歸依的歸依論。又以無相的觀點概括其整個思想，而有〈無相頌〉，主張「法元在世間，於世出世間。勿離世間上，外求出世間」。提出著名的「三十六對」，以「對法」發展空觀的方法論之中道。

綜合《涅槃經》而創新

　　惠能綜合《涅槃經》的思想，闡述了佛性之有的思想。佛性論是惠能禪學的又一特色，而這種佛性論，主要來自對

《涅槃經》的綜合。

北涼曇無讖 (385～433) 所譯的《大般涅槃經》以涅槃佛性問題為中心，具體討論了法身常住、涅槃四德、一切眾生皆有佛性、一闡提人都有佛性等觀點。「法身常住觀」以佛陀色身之滅，揭示世間法無常，生皆歸死，盛必有衰，合定有離，而如來法身常住不滅、諸佛法性常住不滅之理，把小乘佛教裡因具人間性而有生有死的佛陀提升，神化為無生無死的永恆性的精神本體。「涅槃四德說」是指涅槃的常、樂、我、淨四德。「一切眾生皆有佛性」是《涅槃經》重點闡述的觀點，強調了眾生和佛的平等無二，一切眾生都有佛性，進一步的觀點更是，一切眾生都能成佛。不只是一般的眾生有佛性、定能成佛，而且眾生中的不可救治者、心不生善者、心不生信者，即「一闡提人」，也有佛性，也能成佛，這就是著名的「闡提佛性論」。既然一切眾生都有佛性，但為什麼不見眾生成就佛果？《涅槃經》中採取如來藏理論的解釋，即一切眾生所有的佛性，被煩惱所覆蓋，如同窮人藏有真金而不知。

惠能禪法中的佛性論、定慧等學、明心見性論都突出地顯示了和《涅槃經》的聯繫，但有著自己的理解。惠能的佛性論，最核心的兩個觀點就是：一切眾生本有佛性、一切眾生都能成佛。惠能視佛性為本有；而《涅槃經》關於這一點的表述不明確，容易引起歧義。惠能的佛性是每個人內在的、具體的佛性，為眾生具體的內在本性；而《涅槃經》講的佛性是抽象性的，為眾生一般的本性。《涅槃經》中的定慧觀，

諸佛世尊以定慧等而明見佛性，了了無礙，但此種定慧等有
定慧兼修的含義,強調的是慧多於定和定多於慧都不能見性；
惠能的定慧等卻是定和慧的體一不二，即定即慧，即慧之時
定在慧，即定之時慧在定。關於明心見性，《涅槃經》區分了
見性和了性，見性不等於了悟佛性；惠能則不作這樣的區分。
這些差異顯示出惠能對《涅槃經》思想的發展

綜合《維摩詰經》而創新

　　惠能綜合《維摩詰經》的思想，闡述了禪定觀、淨土觀、
居士佛教觀、中道方法論等重要思想。

　　後秦鳩摩羅什翻譯的《維摩詰經》，是以維摩詰居士為中
心闡述佛法的重要經典，維摩詰是佛陀時代中印度毗耶離城
的一位在家的富裕的居士，他已得無生法忍，深切認識到一
切法不生不滅之理，又有無礙辯才，無量的說法方便，通過
「示疾」的方式，體現其基本觀點，包括不二法門、無分別
觀、無修之修、居士佛教等重要內容。

　　「不二法門」是此經的核心，是中道方法論的體現，表
示超越差別和相對性的境界，討論了三十二種不二法門，以
離語言文字為入不二法門的最高境界。

　　「無分別」是不二法門的另一種表達，因為一切皆空，皆
無自性，皆無我，所以諸法之間自然沒有分別；佛與眾生、生
死與涅槃、現世與出世，都是無分別的。反之亦可以說，由此
無分別，體現的正是空；由此無分別，體現了佛教的平等觀。

「無修之修」是經中對於傳統禪定的否定，強調處處皆是修行道場，直心是道場，發行是道場，深心是道場，菩提心是道場，煩惱是道場，眾生是道場；六度、四攝、三十七道品、四諦、十二因緣也都是道場。

「自心淨土」是對此經關於「眾生心淨則佛土淨」的淨土思想的概括，與西方淨土思想有所不同。

「居士佛教」是此經對於信教方式的重要觀點，在家同樣可以信佛教、修佛教，同樣可以達到解脫的境界，維摩詰本人就是一個典型。

惠能禪學中的修行觀、淨土觀、居士佛教觀、中道方法論皆是綜合了此經而提出的；《壇經》中直接或間接引用此經也是較多的。惠能無修之修的修行觀、對傳統坐禪方法的批判，直接來自此經的啟發。惠能的自心淨土觀，倡導自淨其心，眾生心淨則是西方，也與此經有聯繫，所不同的是，《維摩詰經》只是一般地言淨土，未說明是何種淨土，惠能則結合在家修行的居士佛教來講自心淨土，明確提出自心即是西方淨土。當然從根本上講，居士佛教也是《維摩詰經》提倡的。在方法論上，惠能的對法與《維摩詰經》中的不二法門都是以空觀為基礎的，都強調對於兩邊的超越，只是惠能的表達更獨特而已，「對」也就是「不二」，比如，惠能對法中的天與地對，陰與陽對，用「不二」的格式表達，也就是天與地不二，陰與陽不二。

綜合《大乘起信論》而創新

　　惠能綜合《大乘起信論》的思想，闡述了本覺等思想。

　　《大乘起信論》的主要思想之一是「一心二門論」：「依一心法有二種門。云何為二？一者心真如門，二者心生滅門。」其中包含了真心論、阿賴耶識論等理論。「真心論」是《起信論》全部思想體系的出發點，此心攝一切世間和出世間法，具有三種意義：本體義，顯示真如之體；相狀義，顯示如來藏的特徵；作用義，顯示心的生成化現作用。此心可以從兩個方面展開說明：心真如和心生滅。心真如層面要闡述心的特徵，心是一切事物統一的本原或本體，本身並無差別，無生滅變化，具有整體不可分性和靜止性；至於事物所顯現的差別性，則是由於妄念的汙染而致。心生滅層面要闡述心的作用的展開，涉及到三個重要的概念：如來藏、阿賴耶識、本覺。如來藏指在眾生的煩惱之中，隱藏著本來清淨的如來法身，相對於真如清淨之體，如來藏是染淨相雜的，淨體藏於煩惱汙染中，染淨一體。淨的方面指向如來藏的真如特性；染的方面指向如來藏的生滅特性。如來藏緣起萬法的過程是通過阿賴耶識的作用；阿賴耶識有兩種意義，覺和不覺。覺是指心之本體離卻妄念的波動，這種覺就是「本覺」；不覺是指眾生不能覺悟心的本質，心有所動，表現為生住異滅四種形態。由於心的不覺，又先後產生三細六粗各種業，造業受報。

　　惠能綜合了此論的思想，闡述了心法關係、如來藏、本覺和無念等思想。在心法關係上，綜合了一心二門的觀點，當惠能論心的清淨時，是講心的真如門，論心的生滅作用時，是講心的生滅門。不同的是，惠能指的心，是眾生具體的個性化的自心，這種心又體現為染心和念念無住之心，和《起信論》強調的靜心和淨心是有別的。

　　在如來藏思想方面與《起信論》的聯繫，惠能不是一般地談佛性被煩惱藏覆，而是從眾生的自性角度論阿賴耶識「自性含萬法，名為含藏識，思量即轉識，生六識，出六門，見六塵」。當然惠能的這一思想也綜合了唯識宗的「八識論」，在唯識體系中，「含藏識」或「藏識」就是第八識阿賴耶識，它含藏有生化萬法的種子，「思量識」即第七末那識。

　　在本覺理論上，惠能綜合《大般涅槃經》和《大乘起信論》，在討論佛性論時，引入本覺說與本智說，認為眾生本來就有覺悟自心本有佛性，以及藉般若智慧觀照自心佛性的能力。

　　在無念論上，《起信論》談到阿賴耶識的不覺表現就是有念，因此，它強調無念對於趨向佛智的作用，「若有眾生能觀無念者，則為向佛智」。惠能的無念法門，綜合了《金剛經》、《維摩詰經》和《大乘起信論》的相關思想，惠能講「於念而不念」，其方法是中道式的，體現了來自般若空觀的中道方法，但對於「念」的理解卻和《起信論》相同，都認為是妄念。

　　對於中國本土文化，惠能綜合儒家、道家、墨家、玄學

等不同流派的相關思想，在心性論、精神與肉體的關係觀、語言與真理的關係觀、知與行的關係觀、自力論和道德觀諸方面提出了創新性的看法。在討論禪宗創新的文化關懷特色時，也涉及了這部分內容，這裡概括地談一下。

在心性論方面，惠能綜合了儒家以性善為核心的心性論，提出了自己人性化道德化的佛性論。在精神與肉體即色心關係上，綜合本土文化的形神關係論，超越神滅或神不滅的爭論，在形（色、肉體）神（心、精神）統一論的前提下，強調神的存在對於形以及身心統一體的積極作用。

在語言與真理、言意關係問題上，惠能綜合傳統的言意論，超越可說與不可說兩邊，反對禪界片面執著的禪不可說論，提出以中道論為原則的言意觀，不離言說而立禪，不離文字而傳禪。在定慧觀上，惠能綜合儒道兩家的知行觀，超越輕重（行輕知重、知輕行重）、先後（知先行後、行先知後）、難易（知易行難）、雙修（止觀雙修）等思路，提倡定慧的統一，任從定或慧入手，都能達到兩者的統一。

在自力悟修論方面，惠能綜合傳統的觀點，包括墨家的自力論，提出自悟自修的自力論，發展了自力的思想傳統。在道德思想方面，惠能綜合儒家的道德觀，提出了自己的禪宗道德論體系，也使得其禪學具有倫理化的特徵。

通過這樣的綜合，惠能完成了融合中印思想、中土儒釋道三教而以佛教為核心的本土化禪宗的理論創新。

2.宗密華嚴禪的綜合創新

　　華嚴宗和禪宗荷澤宗傳人宗密的禪法也是綜合創新的典
型，對外綜合了印度佛教和中國文化而創新，對內則綜合了
禪門和教門而創新。

　　宗密綜合中印文化的創新，是通過判教的方式完成的。
他把整個中印文化判攝為儒道教、人天教、小乘教、大乘法
相教、大乘破相教和一乘顯性教，確立諸教的本末層次，以
一乘顯性教為本，是了義之教；其餘諸教是末教，是偏淺之
教或佛不了義教。他一方面從淺至深地對末教加以批評，顯
示其禪學創新的批判性，另一方面在此基礎上又從本至末，
節節會通，融合諸教；這是融合性的綜合，其內在的融合方
法來自《大乘起信論》：在《起信論》的真心層面，討論一乘
顯性教；在真心被煩惱覆蓋的如來藏層面，融合了大乘破相
教；在真心作用的阿賴耶識層面，融合了大乘法相教；在阿
賴耶識的不覺而形成法執的層面，融合了小乘教；在法執基
礎上形成的我執層面，融合了人天教；由我法二執而造業受
報的業報論層面，融合了儒道教的四種理論——大道論、自
然論、元氣論和天命論。

　　宗密綜合禪門與教門而創新，也是通過判教的方式來完
成的。他把教門判攝為三種教，即密意依性說相教、密意破
相顯性教和顯示真心即性教，其中密意依性說相教包括三個

層次的類型，即人天因果教、說斷惑滅苦樂教和將識破境教，相當於前面講的人天教、小乘教和大乘法相教。密意破相顯性教相當於大乘破相教，顯示真心即性教相當於一乘顯性教。他又把禪門判攝為三宗，即是息妄修心宗、泯絕無寄宗和直顯心性宗。他再通過融合的方式將三宗三教整合為一個整體，其中又分為兩步：第一步，三宗三教依據相應的層次兩兩融合，即密意依性說相教中將識破境教和息妄修心宗的融合，密意破相顯性教和泯絕無寄宗的融合，顯示真心即性教和直顯心性宗的融合。第二步，橫向的三宗和三教之間是融合的，縱向的三宗和三教是本末整合的，這樣整個三宗三教都融合為一個整體。

宗密綜合了禪的頓宗和漸宗，提出了頓悟資於漸修的觀點，並對頓悟之後的漸修的階段，依據《大乘起信論》作了具體說明。

宗密融合華嚴宗和荷澤禪，創造性地提出華嚴禪的體系。華嚴禪的理念是宗密的首創，廣義的華嚴禪是佛教與儒道的內外融合、佛教內的宗門教門融合，狹義的華嚴禪則是華嚴宗和禪宗中的荷澤禪的融合。宗密在這層狹義的華嚴禪的融合之中，以華嚴宗和荷澤禪互釋，一方面從荷澤禪的立場理解和解釋華嚴宗，另一方面又從華嚴宗的立場理解和解釋荷澤禪，使兩者完全相同。

華嚴禪中的華嚴思想，已不是傳統的華嚴宗觀點，所釋的荷澤宗，也與荷澤本身的禪法有距離。這正是宗密的華嚴

觀和荷澤觀。宗密廣義層面的華嚴禪即以融合的方法內融禪教外融儒釋道三教。

3.延壽融合禪的綜合創新論

　　永明延壽是五代北宋之間的一位法眼宗高僧，他的禪法也體現出綜合創新的特點，在基本的思想上並沒有超出宗密的範圍。延壽堅持三教合一、禪教合一乃至禪宗內部的頓漸合一，也是外綜合三教，內綜合禪教。延壽和宗密所處的時代不同，佛教發展的狀態也不同。在宗密時代，佛教發展到高峰，他雖然提出了綜合創新的佛教發展思路，但在當時還不為禪界所認同，甚至是遭到排斥的。在延壽時代，教下諸宗經過會昌法難之後，都大大衰落，有些宗派基本上失去了影響力，比如三論宗和唯識宗；禪宗也經過了五家七宗的發展高峰，面臨著如何進一步創新的問題。這時候，延壽從實踐層面發展了宗密的綜合創新論，並從理論上進一步深化。或者也可以這樣理解：延壽的綜合創新論，綜合的內容包括了宗密的思想。

　　所謂從理論上進一步深化宗密的綜合創新論，是說延壽在繼承宗密的融合論的基礎上，對其加以深化和發揮。比如三教融合，延壽也把三教如宗密那樣作層次的高低之區分，認為儒道二教屬於較低層次的教化，道教討論的問題，只局限於人的一生之內，不是兼濟之道，也無惠利；儒教只講世

善，不是大覺。但二教教主並不否定佛教，正如他在《萬善同歸集》中所說:「儒道先宗皆是菩薩，示劣揚化同贊佛乘。」同時，儒道也和佛教一樣，都以法界之心為本，所以從法界的角度看，三教都是相同的，且因為這種相同而可以融合。又如禪教融合，延壽在《宗鏡錄》中，廣引禪宗祖德言論、教門諸師論說、經論言教，特別是卷九十四的引證章，引大乘經一百二十本、祖師語錄一百二十本、賢聖（教門諸師）集六十本，闡述其內在的一致性，在此基礎上綜合禪教而創新。延壽更主張綜合禪宗和淨土宗而創新，提倡禪淨雙修。禪宗講自力修行，淨土講他力成就，延壽用華嚴方法論中「能所（即主體與客體）融合」的觀點證明兩者的融合，這就是他在《萬善同歸集》中說的「攝所歸能，他即是自」，他力就是自力，融於自力，淨土就是禪，融於禪宗。在此基礎上綜合禪淨。

所謂從實踐層面發展宗密的綜合創新論，是說延壽不但有綜合創新的理論繼承和深化，還有實踐性的措施，特別體現在兩點，一是通過主持倡導佛教諸宗的「宗教內對話」的方式來實現綜合禪教，延壽邀請天臺、賢首、慈恩三宗的高僧在一起討論，並以禪宗的觀點統攝其中的思想分歧，探求宗門和教門在這方面的共識。二是強調禪淨雙修的實踐，主張「有禪有淨土」。

二、原始創新

原始創新是人們極為推崇的一種創新類型，是最具「自主知識產權」或「智慧產權」的創新，其根本特點在於「前所未有性」、「原始性」。禪宗的原始創新體現思想、方法、制度、宗風等方面。從達摩到惠能，思想性和制度性原創有突出的地位，這在第一章中已有所涉及。在惠能之後的禪法更多的是宗風、方法等方面的原創。如臨濟義玄的四照用、四賓主、四料揀等都是原創，雲門文偃的一字關、洞山良价的五位偏正也都是原創。這裡再列舉一些其他的原創性的宗風。

1.棒喝的原創

禪宗的教學在惠能門下是非常平和的，但後來叢林中有所變化，特別是所謂德山棒、臨濟喝：德山宣鑒以行棒著稱，臨濟義玄以行喝著稱。但是這兩種方法的原創並不在這兩人，從現在的禪籍資料看，可能要把原創權歸屬於馬祖道一。

有僧問道一：「如何是祖師西來意？」道一邊打邊說：「我若不打汝，諸方笑我也。」這可能是資料中見到的最早的「打」的方法。與此方法同時使用的，道一經常是「豎拂」，拂指「拂子」，是在一長柄上紮上一束獸毛、麻等物，用來拂除蚊蟲，

禪僧經常持拂，後來也演化成一種帶有莊嚴性質的用具了。
豎拂也是表示要打的意思。

馬祖的喝，最著名的一則故事是有一次百丈懷海模仿道
一的豎拂、掛拂，道一就大喝一聲，喝得懷海三日耳聾。後
來懷海將此事告訴他弟子黃檗希運，希運驚訝得直吐舌頭。

這種打和喝，有截斷常態思維之流的作用。創造性思維
養成的教學方法中有一種叫截斷法，棒喝即可達到此目的，在
棒喝下學人往往猛醒。這是此法之所以大為流行的重要原因。

2.頌古的原創

禪宗的參禪，本質上要參究自性，在明心見性的開悟中，
留下了許多高僧的經驗，這些經驗體現為高僧的語言、動作、
生活形態、習禪經歷等等，後來的禪宗將參禪的方式轉為對
這些對象的參究，首先將其單獨提取出來並加以評說，稱為
拈古，後來汾陽善昭禪師首創了頌古。「古」指禪宗古德的機
鋒、法句等，汾陽善昭的貢獻不在於將其拈提出來，而在於
唱頌，即用韻文的方式來揭示其意義。汾陽頌古從第一則頌
達摩安心到最後一則頌香嚴上樹，共一百則。比如第一則，
先拈出古德公案：

二祖對達摩說：「請師安心。」
達摩說：「把你的心拿來幫你安。」

二祖說：「覓心了不可得。」

達摩說：「為你安心完畢。」

汾陽頌道：　「九年面壁待當機，立雪齊腰未展眉。

　　　　　　　恭敬願安心地法，覓心無得始無疑。」

第二則，先拈出古德公案：

六祖惠能問懷讓和尚：「什麼處來?」

懷讓答：「嵩山老安和尚處來。」

六祖說：「什麼物，恁麼來?」

懷讓答：「說似一物即不堪。」

六祖問：「還假修證也無。」

懷讓答：「修證即不無，汙染即不得。」

六祖說：「只此不汙染，是諸佛之護念，汝善護持。」

汾陽頌道：　「因師顧問自何來，報道嵩山意不迴。

　　　　　　　修證即無不汙染，撥雲見日便心開。」

都是這種七言絕句格式。這使禪風為之一變，禪的本意要參究
自心清淨本覺佛性，禪師開示的目的也在指示學人的心性，是
所謂直指人心，但這種頌古的方式，本質上是繞路說禪。禪從
標榜不立文字轉為立文字，並以詩偈的形式表達，因為詩最能

達到禪的不說破的要求，這推動了禪向詩化的方向發展。

3.評唱的原創

　　從拈古、頌古流行以後，叢林中對於公案的參究，無非此兩種方式，但是頌古因為是頌文體，不能說破，還有令人不能明瞭之處，到北宋高僧圓悟克勤禪師那裡，他就原創了評唱的方法來參究古德公案。評唱是對古德的公案加以評論、讚歎、欣賞、解釋的形式。拈古的形式是散文體，頌古的形式是韻文體，而評唱的形式則比較複雜了，有點像雜文體。克勤的評唱集編為《碧巖錄》，對每一則公案的評唱，分為幾個部分，第一部分是「垂示」，實際上是一段克勤的導言。第二部分舉出公案本身，他採用的是雪竇頌古所拈提的百則公案。克勤的獨特之處在於，在敘述公案的過程中，夾雜有充滿禪機的「著語」說明。第三部分評唱公案，是主體部分。第四部分是照搬雪竇的頌古原文，克勤同樣在其中夾雜了評論。第五部分評唱雪竇的頌文。試舉一則以具體分析：
　　第五則垂示：

　　　　大凡扶豎宗教，須是英靈底漢，有殺人不眨眼底手腳，
　　　　方可立地成佛，所以照用同時，卷舒齊唱，理事不二，
　　　　權實並行，放過一著，建立第二義門，直下截斷葛藤。
　　　　後學初機，難為湊泊。昨日恁麼，事不獲已。今日又

恁麼，罪過彌天。若是明眼漢，一點謾他不得。其或
未然，虎口裡橫身，不免喪身失命。試舉看。

這一大段獨白，表達了他認為習禪必須根性慧利，手段高明。
　接著他舉「雪峰示眾」的公案：（圓括號中為克勤的評論）

　雪峰示眾云（一盲引眾盲，不為分外）：「盡大地撮來
　如粟米粒大（是什麼手段，山僧從來不弄鬼眼睛），拋
　向面前（只恐拋不下，有什麼伎倆），漆桶不會（倚勢
　欺人，自領出去，莫謾大眾好），打鼓普請看（瞎，打
　鼓為三軍）。」

然後是一大段引經據典的對於此段公案的評唱。
　接著舉雪竇的頌文：

　牛頭沒（閃電相似，蹉過了也），馬頭回（如擊石火），
　曹溪鏡裡絕塵埃（打破鏡來，與爾相見，須是打破始
　得）。打鼓看來君不見（刺破爾眼睛，莫輕易好，漆桶
　有什麼難見處），百花春至為誰開（法不相饒，一場狼
　籍，葛藤窟裡出頭來）？

克勤同樣夾雜了著語對此加以發揮。
　接著是評唱整個公案，特別是雪竇的頌文。

　　從另一個角度看，這種方法也可以歸入綜合創新類，因為綜合了拈古、頌古和評唱，但其核心是評唱，所以歸入原創也是合適的。

　　這種方法的特點是繞路說禪，把禪宗傳統所標榜的不立文字、直指人心變成了大立文字、曲指人心，從一定程度上說是對禪的直指精神的違背，但如果從適應性角度來看，這種方法適應了當時人們參禪的習慣。所以即使《碧巖錄》的經版被其弟子燒掉，也沒有阻斷其流行，反而還有模仿此形式的其他多種評唱集問世。

三、個性化創新

　　原始創新的基本特點如果說是「前所未有」、「前無古人」的話，個性化創新的特點不但是獨此一家，而且是「前無古人，後無來者」。個性化創新都屬於原始創新，但這裡要在原始創新之外將其單獨討論，主要是基於這樣的思考：原始性創新作為一個基本平臺，其成果作為核心原理，不斷被後人加以不同形式的發展，並在此基礎上又有創新。禪門中常問這樣一個問題：「師唱誰家曲，宗風嗣阿誰?」就是問某個禪師繼承的是哪家的禪風，每一家的宗風都有一個原創，但允許後人繼承，並在此基礎上發展。個性化創新在此的含義是：某個禪師原創之後，雖然對後人很有啟發，廣為傳誦，可能

會作為公案供人參究，但後人不能再經常使用這樣的方式，因為這樣簡單模仿的痕跡太重，會被他人批評；運用此種語言表達，使用此種方法的，真正別無他家，稱為「獨創」。可以說，公案中涉及的語言、行為、觀點表達，基本上都是個性化的，正因為如此，公案成為參究的對象，而不可照搬照抄。

1.禪理表達的個性化創新

如何用自己的創新性理解禪宗的基本原理，並用自己個性化的語言揭示出來，是高僧們創新的一個重要體現。

禪宗的基本原理之一是心性論，談到眾生心中的本有佛性，一切眾生都有佛性，一切眾生都能成佛的基本原理，一般概括為眾生即佛，即心即佛，但具體的說法則各有特點。南朝的傅大士 (497～569) 用詩來表達，其中說到「夜夜抱佛眠，朝朝還共起」。惠能在談到這個問題時說：「人即有南北，佛性即無南北。」永嘉玄覺講「身貧道不貧」，因為佛之道在心中，凡夫心內藏無價珍。馬祖道一用三句式表達：即心即佛、非心非佛、不是物；又以「且教伊體會大道」一句來破對此三句的執著。當道一的禪法只講到第一句即心即佛時，南泉普願禪師提出自己的看法：「江西馬祖說即心即佛，王老師不恁麼道，不是心，不是佛，不是物。」普願俗姓王，自稱王老師。臨濟義玄則說「無位真心」。黃檗希運講「全體是佛」，

有人機械性地理解眾生佛性，區別哪個心是佛，因為心有染淨，有凡有聖，究竟是凡心成佛還是聖心成佛？黃檗反問：「你有幾個心？你什麼地方有凡心或聖心？」聖妄都是虛妄的區別。黃檗又在「即心是佛」的傳統表達之後加上「無心是道」，將兩種表達結合起來詮釋他的心性論。趙州從諗講「狗子佛性」，眾生佛性，包括人之外的其他有情眾生，有僧問趙州：「狗子還有佛性嗎？」趙州說：「有。」那僧問：「既然是有佛性，為什麼卻撞入狗這種皮袋？」趙州說：「因為他知而故犯。」這是一語雙關，既說狗，也說問話僧知而故犯。又有僧問這個問題，趙州說：「無。」那僧說：「一切眾生皆有佛性，狗為什麼卻無？」趙州說：「因為他有業識。」這成為著名的公案。佛性論的進一步擴大，就是「無情有性論」，希遷講「碌磚是禪，木頭是道」即含此理。

　　禪宗講第一義不可說，對於第一義的追問，化為具體的問題是「什麼是佛？」「什麼是祖師西來意？」等，有時也化為對於第一義的體會追問。這些追問或「不可說」之理，諸家多有個性化的創新表達或作略。南嶽懷讓講「說似一物即不中」，青原行思講「廬陵米價」，石頭希遷則以手掩口。龐蘊居士 (？～808) 初次參訪石頭希遷時，問了這樣的問題：「不與萬法為侶者是什麼人？」石頭以手掩其口，龐蘊豁然有省。以手掩口，表示這種境界不可說。

　　馬祖道一說「一口吸盡西江水」、「無心情」。有僧問他：「什麼是佛？」他說：「待汝一口吸盡西江水，即向汝道。」一

般人怎麼可能一口吸盡西江水呢？這說明問題問得不對，或者說從禪師那裡找不到這個問題的答案。有僧人問他：「什麼是祖師西來意？」他回答說：「我今日無心情。」讓問者自己問西堂智藏禪師 (735～814)，僧人到了西堂智藏處，智藏用手指著自己的頭說：「我今日頭痛。」讓他去問懷海，懷海則說：「我不會。」趙州從諗說「問露柱」、「柏樹子」，有人問他西來意的問題，他說：「問取露柱。」僧人說：「學人不會。」趙州說：「我更不會。」問露柱有多重含義，比如說，無情說法，無情有性，我不懂佛法等，或者說問了不當的問題，還有一層，就是不可說。從諗對這個問題的另一回答則是「庭前柏樹子」，這成為著名公案。

　　徑山道欽禪師 (714～792) 明確說明這類問題不可以問，告訴問者「汝問不當」，學人問如何才是得當的問題呢？他又講「待吾滅即向汝說」，我死了以後再跟你講吧。清涼文益講只能說出「第二義」，有僧問他什麼是第一義？他說：「我向爾道是第二義。」我要是向你說了，也只是第二義。

　　禪宗的修行觀為無修之修，諸家在表達這一理念時也多有個性化的創新。惠能實際上用無念、無住、無相來表達其中的含義，神會將此三無概括為一無——無念，所以神會禪法的修行法門個性就被概括為無念為宗。永嘉玄覺提倡做個「閑道人」——「絕學無為閑道人，不除妄想不求真」。南嶽懷讓用磨磚成鏡的行為啟發道一「禪不在坐」的道理，道一則發展出「平常心是道」的命題，又講「著衣吃飯」，修行就

是「隨時著衣吃飯，長養聖胎，任運過時，更有何事」？ 這一
理念在大珠慧海則表達為「飢來吃飯，睏來即眠」，但是所有
人都是這樣，同慧海有何差別？ 慧海說，不同之處在於，「他
吃飯時，不肯吃飯，百種須索；睡時不肯睡，千般計較。所
以不同」，這是平常和無心的結合。他又提倡做個「無事人」。
黃檗希運則說，不落階級的修行方法在於，「終日吃飯，未曾
咬著一粒米；終日行，未曾踏著一片地」，表達的也是這層意
思。黃檗希運提倡做「無心道人」，認為「供養十方諸佛，不
如供養一個無心道人」。什麼叫「無心」？ 無一切心，內如木
石，不動不搖，外如虛空，不塞不礙，無能所，無方所，無
相貌，無得失。臨濟義玄把平常和無事結合起來，說「平常
無事」為修，「佛法無用功處，只是平常無事。屙屎送尿，著
衣吃飯，睏來即臥」，他又提倡「無事是貴人」。石霜慶諸禪
師講「七去」，即「休去，歇去，冷湫湫地去，一念萬年去，
寒灰枯木去，古廟香爐去，一條白練去」。

　　禪宗的自悟自修，強調修行者從自己心性上著手，反對
向外求索，這一表達也多是個性化的。如馬祖道一講「一物
也無」。大珠慧海起初參馬祖道一時，道一問：「來此擬須何
事？」想做什麼來了？ 慧海說：「來求佛法。」道一說：「自家
寶藏不顧，拋家散走作什麼？ 我這裡一物也無，求什麼佛法？」
然後再開示一切具足的道理，慧海因此而悟。大珠慧海講自
己開法後，則「無法示人」，他對來求法的禪僧們說：「我不
會禪，並無一法可示於人，不勞汝久立，且自歇去。」不用勞

駕你們站在這裡了，都回去歇著吧。黃檗希運不只講「我無一物」，更講「從來不將一物與人」，批評學人只會被人指示。投子大同藉口「腰痛」，有僧人對他說，千里迢迢投到你門下，請老師接引一下。他說：「今日老僧腰痛。」類似的問題問首山省念禪師 (926～993)：「學人久處沉迷，請師一接。」省念說：「老僧無這閒工夫。」或者直接說：「不接。」宋代有一位文璉禪師（生卒年不詳）說過一段話，也很有特色地表達了這一意思，他的禪法，「門前不置下馬臺，免被傍人來借路」，要參禪者照顧自己腳跟下。

2.接引方式的個性化創新

禪宗的個性化創新，更多地體現在接引學人的方式方面，禪門中有大量的個案可以說明這一點。這裡舉出趙州茶、俱胝豎指、黃龍三關等幾種非常具有代表性的個性化創新性接引方式加以說明。

趙州茶

趙州從諗禪師禪法的特殊接引手段之一是說一句「吃茶去」，他問新到他門下的禪僧說：「以前曾經到過這裡嗎?」禪僧答：「曾到。」從諗說：「吃茶去。」又向另一個禪僧問同樣的問題，那僧說：「不曾到。」從諗也說：「吃茶去。」後來院主就問從諗，為什麼曾到說吃茶去，不曾到也說吃茶去？從

諗就喊：「院主。」院主答應，從諗又說：「吃茶去。」這種接引手段，叢林中稱「趙州茶」。

這是對平常心是道、無修之修、明心見性等禪學原理的個性化表述，有的禪僧不了其意，認為這沒有什麼新意。睦州陳道明 (780～877) 就問一位曾經到趙州門下參訪的僧人，趙州用什麼言教指示學人？那僧就說了趙州禪師曾到也說吃茶，不曾到也說吃茶的事。陳道明是何等眼力，聽後直說「慚愧」，讚歎趙州，自歎不如。又問僧：「趙州表達什麼意義？」那僧並不明瞭趙州意，於是說：「也只是一時方便而已。」陳道明感歎道：「苦啊，趙州！被他潑了一杓屎。」舉棒便打。

宏智禪師曾讚賞此法說：「到與不到，吃茶一樣。不著機關，殊無伎倆。且非平展家風，豈是隨波逐浪？唯嫌揀擇沒分疏，識得趙州老和尚。」叢林中雖然也有些人模仿這種方法，但並不被認可，只認趙州茶，沒有人像臨濟行喝、德山行棒超出道一那樣以喝茶方法超過趙州水平的。汾陽善照禪師讚嘆此法說：「趙州有語吃茶去，天下胡僧總到來。不是石橋元底滑，喚他多少衲僧迴。」

俱胝豎指

金華俱胝禪師（生卒年不詳），唐代南嶽下四世禪僧，起初住庵時，有一位法名實際的尼僧來訪，頭戴笠子，手執錫杖，繞俱胝三周。對他講：「你要是講得出來這是什麼意思，我就脫下帽子。」這樣問了三遍，俱胝都無法回答。尼僧便要

離去，俱胝說：「時間晚了，何不住下？」尼僧說：「你講得出我就住下。」俱胝又是無言可對。尼僧離去後，俱胝感歎道：「我雖有大丈夫的形軀，但沒有大丈夫之氣，倒不如棄庵，到各地參尋大善知識去。」但據說在當晚得到天龍的啟發，豎一指即可，頓時大悟。從此，凡是有參學者來參問，俱胝只是舉一指，沒有別的接引、指示手段。晚年臨滅前，他對大眾說：「吾得天龍一指頭禪，一生用不盡。」這就是他在叢林中著名的「一指頭禪」，只認他一家使用此法。

　　這個一指頭禪可能有這樣的含義，一指頭就是萬法，萬法盡在我一指頭中。這成為著名公案，也稱「俱胝一指」，《碧巖錄》、《從容錄》、《無門關》等公案集中都有收錄。曹山本寂則有批評：「俱胝承當處莽鹵，只認得一機一境。」玄沙師備 (835～908) 則說：「我當時若見，拗折指頭。」以此批評體現超越性。宋代臨濟宗琅琊慧覺禪師曾作一頌評論此禪法：「俱胝一指報君知，朝生鷚子搏天飛。若無舉鼎拔山力，千里烏騅不易騎。」大慧宗杲也有頌：「俱胝一指頭，吃飯飽方休。腰纏十萬貫，騎鶴上揚州。」這是對其個性化禪法的讚揚。

黃龍三關

　　黃龍慧南是臨濟宗下黃龍一派的創始人，其禪法史稱「黃龍宗」，他在接引學人方法上的獨創手段是用「三轉語」（即三句話）問學人。

　　當他問學僧諸如「在哪裡」一類的平常問題時，會忽然

問一句：「人人盡有生緣處，那個是上座生緣處？」這是第一關，「生緣」指生命由因緣和合而成，這是要學人明白生命的本質，人生的空幻。慧南頌此關說：「生緣有語人皆識，水母何曾離得鰕？但見日頭東畔上，誰能更吃趙州茶？」

正當在和學僧機鋒交馳時，他會忽然伸手說道：「我手何似佛手？」這是第二關，是要學人直下體悟自心即是佛心，眾生與佛平常。他頌此關說：「我手佛手兼舉，禪人直下薦取。不動干戈道出，當處超佛越祖。」

在學人參請時，他又垂下一隻腳，問道：「我腳何似驢腳？」這是第三關，要學人體悟萬法平等，萬法都是真心所現，有如此悟，才能步步是解脫，他頌此關說：「我腳驢腳並行，步步踏著無生。會得雲收日卷，方知此道縱橫。」

三十餘年間，慧南只用這三問接引學人，但參學者大多不能湊機，後來叢林中稱此為「三關」。「生緣」句是第一關，稱為「初關」；「伸手」句是第二關，稱為「重關」；「垂腳」句是第三關，稱「生死牢關」。參學者往往過不了此三關。

黃龍慧南此三關，是在對禪宗的創新反省之後而提出的。禪貴在創新，但是根據不同的時代條件，各家有各家的宗風，不可隨意照搬，包括臨濟棒喝在內的古德的各種個性化接引方法，都只是光影，不是珠月，他認為如果不能認識寶珠和明月，執著於這些珠光和月影，就像入海數沙粒，磨磚作明鏡，永遠不可得。因而他批評古德一味「行棒行喝，為亂世之英雄」。他認為，像臨濟棒喝、三玄三要，還有曹洞五位君

臣等創新性方法，都是在「亂世」（即禪宗諸家競爭時）創立的不同機鋒，現在太平之世，也就是禪宗發展的平穩時期，沒有了宗派之爭，就應該返樸還淳。但是他又反對太平之世的禪法只是談玄說妙，走向文字禪，認為這也不是禪宗特別是臨濟宗的傳統。所以他提出三關的禪法教學實踐，既承續和超越傳統，又批判文字禪風行的現狀，倡導直下體悟的禪宗「直指」精神。

3.宗風的個性化創新

宗風是禪宗宗派的獨特風格、風貌，包括思想、教學手段、機鋒特點等等，或者稱「家風」、「境」。禪門中經常問的一句話是：「如何是和尚家風？」或者問：「如何是某某境？」比如問夾山善會禪師 (805～881)：「如何是夾山境？」迫問的實際上就是善會禪師的創新所在。禪宗的五家宗派，臨濟之峻烈迅捷，雲門之險峻高古，曹洞之回互細密，溈仰之方圓默契，都有本宗的個性化，這種特色一顯現就不會被認為是其他宗派，臨濟就是臨濟，曹洞就是曹洞。在每一宗的具體的宗風上，每一家都在追求自己的個性化家風。有僧人問地藏桂琛禪師：「如何是羅漢家風？」桂琛曾先後主持過地藏院和羅漢院，所以問「羅漢宗風」也就是問桂琛的宗風。桂琛說：「不向你道。」為什麼不道？桂琛說：「是我家風。」我有我的家風，你應該建立你自己的個性化家風。

臨濟宗峻烈迅捷的宗風下，興化存獎 (830～888，一說
925) 的宗風有四碗、四唾、四瞎接引法。四碗即莫熱碗、鳴
聲碗、脫丘碗、脫曲碗；四唾即當面唾、望空唾、背面唾、
直下唾；四瞎即不似瞎、恰似瞎、瞎漢、瞎。每一種方法都
代表特殊的問答方式。

汾陽善昭有十智同真，即十智同歸於一真如──同一質、
同大事、總同參、同真智、同遍普、同具足、同得失、同生
殺、同音吼、同得人。

汾陽善昭又有四句接人，即接初機句、辨衲僧句、正令
行句和定乾坤句，當然這四句他沒有點破，僧人問：「如何是
接初機句？」他回答說：「汝是行腳僧。」「如何是辨衲僧句？」
他說：「西方日出卯。」「如何是正令行句？」他說：「千里特來
呈舊面。」「如何是定乾坤句？」他說：「北俱盧洲長粳米，食
者無瞋亦無喜。」接初機句是禪師接引初機學者的方法，直接
明白說出要表達的正面意思。辨衲僧句開始辨別學禪的見解，
說的話已有機鋒，西方日出卯，卯指卯時，早晨五時至七時，
泛指早晨，這個時候西方怎麼會有日出？正令行句，正令即
佛法真諦，使佛法能通行無礙的接引方法。定乾坤句，指揭
示佛法作用的接引方法。

善昭還有另外一套三句接人，即學人著力句、學人轉身
句和學人親切句，更有一些其他的特有接引法。

浮山法遠 (991～1067) 將其對禪法的理解概括為「九
帶」，命名為「佛禪宗教義九帶集」，即佛正法眼藏帶、佛法

藏帶、理貫帶、事貫帶、理事縱橫帶、屈曲垂帶、妙葉兼帶、金針雙鎖帶、平懷常實帶。這也是他接引修行僧所用之九種方法，因此他的禪法在叢林中被稱為「九帶禪」。

　　曹洞宗回互細密的宗風下，大陽警玄 (943～1027) 以三句法門接引學人，成為其禪法的個性化創新體現，三句即平常無生句、妙玄無私句、體明無盡句。他用禪語表達了對此三句的說明，僧問：「如何是平常無生句？」他回答說：「白雲覆青山，青山不露頂。」「如何是妙玄無私句？」他說：「寶殿無人空侍立，不種梧桐免鳳來。」「如何是體明無盡句？」他說：「手指空時天地轉，回途石馬出紗籠。」

　　雲門宗險峻高古的宗風下，巴陵顥鑒（生卒年不詳）有三句接機為其個性化創新：提婆宗、吹毛劍、祖意教意。他也用禪語說明此三句，僧問：「如何是提婆宗？」他說：「銀碗裡盛雪。」問：「如何是吹毛劍？」他說：「珊瑚枝枝撐著月。」問：「祖意教意是同是別？」他說：「雞寒上機，鴨寒下水。」

四、模仿創新

　　人類創新活動中，原始創新畢竟是較少的，更多的創新類型是模仿創新。模仿創新可以說是模仿基礎上的創新，繼承傳統基礎上的創新，也是對於繼承傳統和創新之關係的辯證處理，並不是因為強調創新而割裂傳統，並不是因為固守

傳統而反對創造，這就如英國物理學家牛頓 (I. Newton, 1642～1727) 所說的那樣，是站在巨人肩膀上的遠望。(If I have seen further, it is by standing on the shoulders of giants.) 這種創新對某一種對象具有的方法、理念、觀點、技術等加以模仿，可以是整體性的模仿，也可以是某一方面的模仿，在此基礎上加以改進或革新，這就不是簡單的純粹模仿。禪宗不反對模仿創新，其許多創新屬於這類創新，在後來的禪宗中這成為一個重要的創新類型。禪宗中經常有這樣的情形：某一種方法或手段最先並不是某禪師首創，但他引入後能夠創造性地運用，賦予它嶄新的意涵。這就是模仿創新的作用。

1.接引手段的模仿創新

禪門中的接引手段非常豐富，最為著名而具有特色的大概要數德山棒和臨濟喝，所以就用這兩種方法來說明接引手段的模仿創新。棒喝的方法，叢林中認定的就是德山之棒和臨濟之喝最有影響；汾陽善昭說：「德山棒、臨濟喝，獨出乾坤解橫抹。」黃龍慧南說：「德山棒似撒星，有中亦無；臨濟喝如雷震，如聾如啞。」《碧巖錄》說：「德山棒如雨點，臨濟喝似雷奔。」但本質上這兩種方法都屬於模仿創新。

德山棒

禪師在接引學人時施棒，當頭一棒下去，使人猛醒。不

過行棒並不是德山的獨門，也不是其原創，此法最初的使用可以追溯到馬祖道一，只是運用這一方法最有影響並使之在叢林中流行開來的是德山宣鑒禪師，因而人稱「德山棒」。

德山行棒有幾段名言，在叢林中成為拈提的話頭。有一次小參，他說道：「今夜不答話，問話者三十棒。」這時有僧人出來向他行禮，他舉杖就打。他甚至這樣說：「道得也三十棒。道不得也三十棒。」臨濟義玄聽說後，就對洛浦元安（834～898）說：「你去問他，道得為什麼也要吃三十棒？等到他打你時，接住棒，送一送，看他怎麼辦。」洛浦如計而行，接住送一送，德山知道遇到了高手，就歸方丈室。洛浦回來告訴臨濟，臨濟說：「我從來懷疑這傢伙，雖然這樣，要識德山並不容易。」他問洛浦：「你還識德山麼？」洛浦剛想回答，臨濟就打。德山以這一方法作為其主要的教學手段，而且用得非常剛烈，他通過這種激烈的方式啟發學人不向外馳求，而應返參自性。

巖頭全奯禪師（828～887）這樣評價說：「德山老人一條脊梁骨硬似鐵，拗不折。」不過從本質上講，德山棒是對自道一以來的施棒方法的模仿創新。

臨濟喝

與棒並列的著名教學手段是喝，與德山棒齊名的喝是「臨濟喝」。

喝也是一種非常猛烈的手段，學人往往在禪師的一聲猛

喝下省悟，不過，叢林中雖然有臨濟喝之稱，但喝這一方法
並不是臨濟義玄的首創，更不是其獨門方法，只是臨濟把此
法用到極致，因此以他名之。

　　有一次眾僧上堂時，有位僧人出來禮拜，臨濟就喝。有
僧問：「如何是佛法大意?」臨濟就喝，禪僧遭此一喝而有省
悟，隨即向臨濟施謝禮。有時候問法的僧人喝，臨濟也喝，
僧人再欲講話，臨濟便打，棒喝交馳。

　　臨濟的喝有其特殊的用意，他自己作了一個總結：「有時
一喝如金剛王寶劍，有時一喝如踞地金毛師子，有時一喝如
探竿影草，有時一喝不作一喝用。」有時以金剛王寶劍般的猛
喝斬斷學人情見；對於情見執著嚴重者用此喝。有時一喝如
獅子威聲大吼，百獸恐悚，眾魔腦裂，震裂一切錯誤見解；
對堅持不當見解並自以為是的人常用此喝。有時一喝如同捕
魚人用探竿和影草誘魚那樣試探學人的深淺；探竿和影草都
是古人捕魚的工具，探竿是竿頭束有羽毛的竿子，探入水中
誘惑魚類聚於一處，影草則是割一堆草浸於水中，也可起到
誘魚聚集的作用，用在此處，都是比喻勘驗學人的禪學修養。
有時一喝則並不在單一意義上使用，而是包括多種含義，這
樣，對「喝」這一方法的模仿創新就上升到理論層次了。正
是這種理論化，後人雖然也常行喝，但都超不過義玄，更沒
有成為行喝的代表。

2.參禪方式的模仿創新

　　參禪本質上要參究自心，但後來的禪風轉變，參禪轉為
參公案。參公案的方法也有多種，比如頌古、評唱，而這些
方式在原創之後，後人多有模仿創新，使文字禪豐富多彩。
這是舊瓶裝新酒，採用同樣的方法，表達獨特的創新性思想。

對頌古的模仿創新

　　頌古是由汾陽善昭原創，作為一種參禪的方式，受到後
人的喜好，禪界紛紛模仿；但若論模仿基礎上創新度較大，
並在禪宗史上留下重要影響的有雪竇重顯、丹霞子淳 (1064
～1117)、宏智正覺、無門慧開 (1183～1260)、虛堂智愚
(1185～1269) 等人。這裡以雪竇重顯頌古的個案說明他對頌
古的模仿創新。

　　雪竇重顯是雲門宗僧，推動了雲門宗的中興，他模仿汾
陽頌古，精心選擇公案百則，用頌文進行解釋，由於其詩才
出眾，他的頌古的影響大大超過汾陽，從而在推動禪風從不
立文字到大立文字的轉變，由直指人心到繞路說禪的轉變上，
扮演了重要的角色。

　　汾陽的頌文格式單一，而雪竇重顯的頌文格式則變化較
多，兼有三言、四言、五言、七言，甚至雜言；他也是寫文
章的高手，又會作詩，詩禪相通。元好問 (1190～ 1257) 曾說

「詩為禪客添花錦，禪是詩家切玉刀」，用詩最能體現禪的說不可說之說的特點。

比如雪竇這一首：「江國春風吹不起，鷓鴣啼在深花裡。三級浪高魚化龍，癡人猶戽夜塘水。」這是頌有關法眼文益禪師的一則公案。

「一國之師亦強名，南陽獨許振嘉聲。大唐扶得真天子，曾踏毘盧頂上行。鐵鎚擊碎黃金骨，天地之間更何物？三千剎海夜沉沉，不知誰入蒼龍窟。」這是頌有關南陽慧忠國師的一則公案。

「大地絕纖埃，何人眼不開？始隨芳草去，又逐落花回。羸鶴翹寒木，狂猿嘯古臺。長沙無限意，……」留下一句，後人圓悟接道：「掘地更深埋。」這是頌有關長沙景岑的一則公案。

雪竇的頌古產生了廣泛影響，後人曾根據他的這首頌：「三界無法，何處求心？白雲為蓋，流泉作琴。一曲兩曲無人會，雨過夜塘秋水深。」稱讚他具有「翰林之才」。圓悟克勤則認為雪竇的百則頌文中，這一首最為精彩：「曾騎鐵馬入重城，勅下傳聞六國清。猶握金鞭問歸客，夜深誰共御街行？」稱讚這一首是「最具理路，就中極妙，貼體分明頌出」。由於雪竇的詩才文采，有些人被其玄言詩句所吸引，參禪轉為賞詩了，反而是見指不見月，違背了雪竇的初衷。他晚年悔恨自己寫得太多，有大立文字之嫌，有人再來向他索要頌詩，他就婉言拒絕了。

評唱的模仿創新

評唱這種方式本來是圓悟克勤首先使用的，其代表作《碧巖錄》，其弟子大慧宗杲認為有大立文字之嫌，曾燒掉此書的印板，但後人還是非常喜歡這種形式，不但《碧巖錄》成為名著，又有模仿《碧巖錄》而創作評唱集者，比較著名的是《從容錄》和《空谷集》。

《從容錄》是宋末元初曹洞宗僧人萬松行秀 (1166～1246) 所作，選擇的公案是曹洞宗宏智正覺的頌古。從形式上看，和克勤的評唱集是完全一致的，第一部分為「示眾」之語，相當於克勤的「垂示」語，第二部分是舉公案本身，同克勤一樣都加有「著語」在其中，是對公案中每一句的機鋒性說明。第三部分評唱公案，第四部分舉出正覺的頌古，並夾以著語，第五部分是對此頌文的評唱。

整個形式都和克勤一致，但公案的選擇不完全相同，就是對於同一個公案的評唱也是不同的，這正是模仿其形式之後的創新之處。這裡以對公案的著語之不同為例，簡單說明這種創新之處。比如同樣是「馬師不安」，克勤是這樣著語的：（圓括號中的是著語）

馬大師不安（這漢漏逗不少，帶累別人去也），院主問：「和尚近日尊候如何（四百四病一時發，三日後不送亡僧是好手，仁義道中）?」大師云：「日面佛，月面佛

（可殺新鮮，養子之緣）。」

日面佛喻長壽，其壽一千八百歲，月面佛喻短壽，其壽一畫夜。馬祖道一以此說明超越壽命長短之相。

而行秀的著語則是這樣的：

> 馬大師不安（未必似維摩），院主問：「和尚近日尊候如何（常住事忙，少得問候）？」大師云：「日面佛，月面佛（莫是轉筋霍亂麼）。」

這種解釋體現出新的理解，顯得很有新意，故同樣大受歡迎。

默照禪的模仿創新

　　默照禪是宏智正覺禪師倡導的參禪方法，正覺是曹洞宗在宋代影響最大的禪師，他在批判文字禪的基礎上提出默照禪，「默照」的意思是默而常照，照不失默，默照禪就是要在寂默的基礎上觀照自己的本來面目，表現在外在的形式上，就是坐禪法門。正覺專門寫有〈默照銘〉和〈坐禪箴〉來說明其中的原理，他這樣描寫默照禪：「枯寒身心，洗磨田地，塵粉淨盡，一境虛明，水月霽光，雲山秋色。青青黯黯，湛湛靈靈。自照本根，不循枝葉。」首先要使身心如枯木，斷絕諸緣，以這種方式清洗磨治自心所蒙的汙垢，顯露出清淨虛明的自心田地。這種方法，直接繼承了其參訪過的枯木法成

(1071～1128) 的「枯木禪」，也受到其師丹霞子淳的影響，子淳也主張到枯木堂去坐禪。此法也和北宗神秀的坐禪形式相仿，可以說是模仿了這種形式，但並不是完全複製，因為正覺本人對於神秀也是有批評的，指出了「菩提無樹鏡非臺，虛靜光明不受埃」。神秀講看心看淨，要時時拂拭汙染之心鏡，而正覺認為自心之鏡是虛明的，本來就沒有塵埃，所謂洗磨田地，也只是指休息諸緣。他的坐禪，只是要人心無所寄，形無所倚，足無所履，言無所謂，和北宗的坐禪有根本的不同，可以說是對於北宗坐禪的舊瓶裝新酒式的模仿創新。

話頭禪的模仿創新

針對正覺的默照禪，大慧宗杲斥之為邪禪，提出自己的參禪方法，即看話禪，或話頭禪。看話禪不必坐禪默照，也不必參整個公案，更不是像其師克勤那樣評唱公案，而只要把某個公案中某句關鍵性的話頭提出來加以時時的參究，天長日久，就能忽然開悟。

公案中的話頭很多，宗杲涉及的就有趙州「庭前柏樹子」、「狗子無佛性」、洞山「麻三斤」、雲門「乾屎橛」等，而他常看的話頭是「狗子無佛性」的「無」字，他認為，只是這一個字，就是斷生死路頭的刀子。當妄念生起時，舉個「無」字，舉來舉去，驀然就會有消息，就可以歸家穩坐。

但這種方式並不是宗杲的原始創新，如果追溯源頭，雖不能確切地說原始創新者是誰，但至少唐代僧黃檗希運就開

始教人看趙州從諗的「無」字公案，這是現有資料中參公案
最早的例子。希運說，是個大丈夫漢，就看個公案：「僧問趙
州：『狗子還有佛性也無？』州云：『無。』」只要時時看個無字，
晝參夜參，行住坐臥，穿衣吃飯處，屙屎放尿處，心心相顧，
猛著精彩，守個無字，日久月深，打成一片，就會忽然心花
頓發，悟佛祖之機。五祖法演禪師也用此法，據《法演禪師
語錄》，他曾說：「老僧尋常只舉『無』字便休，爾若透得這
一個字，天下人不奈爾何。」

　　宗杲是五祖法演的再傳弟子，他的看話禪本質上也是對
自希運到法演的看「無」字話頭的模仿和創造性發揮，擴大
了話頭的範圍，並且對這一方法的提倡和使用在叢林中最有
影響，使得這一禪法成為他的代表性方法。

　　宋代曹洞宗僧人真歇清了禪師（1089～1151）又模仿這
種話頭禪，倡導以「阿彌陀佛」四字作為話頭，將禪和念佛
以看話禪的形式結合起來了。

3.思想表達的模仿創新

　　這一層面的模仿創新大致可以歸納為兩種類型，一種是
禪學概念的模仿創新，二是思想內涵的模仿創新。

　　所謂禪學概念的模仿創新，一是把傳統的概念用另一個
新概念替代，而表達的意思不變；比如北宋臨濟宗風穴延沼
禪師（896～973）將臨濟四賓主改稱為賓中主、主中賓、主中

主、賓中賓，後來禪界對於四賓主的使用幾乎都用此概念表達。二是將前人未明確概括成概念的思想，用新的表述將其概括出來；比如義玄的三玄三要，究竟是哪三玄，義玄自己並沒有說明，但後人概括體中玄、句中玄、玄中玄，或者第一玄、第二玄、第三玄，或者稱實玄、體玄、用玄，這屬於新瓶裝舊酒，創新度較低。

所謂思想內涵的模仿創新，是用不同的表達體現相同的思想，起作用的是求異性的創新思維，基本的原則是我的表達和你的不同，但反映的是同一禪學思想。比如對於四料揀，義玄已有獨特的表達，後人也模仿這種不說破，用偈語反映對於這一方法的獨特理解。

唐代的克符禪師（生卒年不詳）是參臨濟的四料揀而悟的，據《人天眼目》，他的理解是這樣的：

> 奪人不奪境，緣自帶諸訛，擬欲求玄旨，思量反責麼；
> 驪珠光燦爛，蟾桂影婆娑，覿面無差互，還應置網羅。
> 奪境不奪人，尋言何處真？問禪禪是妄，究理理非親；
> 日照寒光澹，山遙翠色新，直饒玄會得，也是眼中塵。
> 人境兩俱奪，從來正令行，不論佛與祖，那說聖凡情；
> 擬犯吹毛劍，還如值木盲，進前求妙會，特地斬精靈。
> 人境俱不奪，思量意不遍，主賓言不異，問答理俱全；
> 蹋破澄潭月，穿開碧落天，不能明妙用，淪溺在無緣。

據《楊岐方會禪師語錄》，方會的理解是這樣的：

奪人不奪境——庵中閒打坐，白雲起峰頂。
奪境不奪人——閃爍紅霞散，天童指路親。
人境兩俱奪——剛骨盡隨紅影沒，苕苗總逐白雲消。
人境俱不奪——久旱逢初雨，他鄉遇舊知。

據《宏智禪師語錄》，天童正覺的理解是這樣的：

奪人不奪境——藏盡自己身，遍界俱影現。
奪境不奪人——廓然掃盡無絲髮，處處分身遍大千。
人境兩俱奪——坐卻舌頭。
人境俱不奪——昨日二十九，今朝三十日。

後世對義玄四照用的理解也是如此，比如楊岐方會這樣理解：

先照後用——語路分明說，投針不迴避。
先用後照——金剛覿面親分付，話道分明好好陳。
照用同時——祖佛道中行路異，森羅影裡不留身。
照用不同時——清涼金色光先照，峨嵋銀界一時鋪。

首山省念的理解是：

先照後用——南嶽嶺頭雲，太行山下賊。

先用後照——太行山下賊，南嶽嶺頭雲。

照用同時——收下南嶽嶺頭雲，捉得太行山下賊。

照用不同時——昨日晴，今日雨。

可以說，禪宗奇特語，為了表示不說破而繞路說、隱喻說，常常以模仿創新為特色。

4.反對單純的模仿

禪宗的創新充滿模仿創新，但如果只有模仿而沒有創新，即只是單純的、毫無新意的模仿，是不被允許的。當只有模仿而沒有創新成為主流後，禪就開始衰落，雖然在有的人看來「創新是未被發現的剽竊」(D. W. R. Inge: "What is originality? Undetected plagiarism."），純粹的模仿也是創新，但禪宗是絕對反對這一點的，在禪宗發展的各個階段，都有高僧反對這種無創新的純粹模仿。只會模仿而不知創新的現象，叢林中譏為「邯鄲學步」或「邯鄲學唐步」，這類禪僧被譏為「學語之流」、「尋聲逐響人」。

鏡清道怤禪師 (868～937) 問一僧人說：「你怎麼理解趙州從諗『吃茶去』的禪法？」那僧不能回答，就出去了。鏡清批評說：「邯鄲學步。」雪竇重顯針對此公案就問：「這個僧人不是邯鄲人，為什麼學唐步？」

　　「尋聲逐響人」是黃檗希運的批評語，有個癡人，上山叫了一聲，響聲從山谷中傳出，他就下山去追趕；再喊一聲，響聲從山上傳來，他又追到山上去找，一輩子只是個「尋聲逐響人，虛生浪死漢」。

　　「學語之流」的提法，叢林中非常普遍。禪宗鼓勵個性化的獨創，強調本地風光，自家寶藏。這些模仿者又被譏為逐腥的蒼蠅，有些腥羶氣味就飛過去停泊。

　　豎指是俱胝和尚的禪法標識，但這種做法一開始就遭到模仿，最初的模仿人就是俱胝門下負責「供頭」❶的小僧人，稱「供過童子」。他每當見到有人問事，也豎起一指來答對。有人就對俱胝禪師說：「和尚，你門下的小童子也會佛法，凡是有問法的，他都像您一樣豎指。」俱胝聽後，有一天就在袖中潛藏一把刀子，問童子說：「聽說你會佛法，是嗎？」童子說：「是的。」俱胝問：「什麼是佛？」童子豎起指頭，俱胝抽刀斷其指，童子痛得叫喚，跑了出去，俱胝就喊童子，童子一回頭，俱胝追問一句：「什麼是佛？」童子又想舉起手指，但已不見指頭，當下豁然大悟。

　　這斷指的手段確實非常激烈，超過常情，但其內在的精神就要求禪僧在親證、精進中探求自己的禪法體會，而不是不加分辨地直接拿來，照搬照抄，即使是拿自己老師的，也不符合創新精神的要求。圓悟克勤評論說：「俱胝豎指，體現

---

❶　粥、齋之時，分配飯羹、茶果，及掌管僧堂內點燈、裝香、打鐘，或於佛堂、祠堂，負責粥飯、茶湯、燈燭、香花、洗米等工作。

出他通上徹下契證無疑，但後代不諳俱胝豎指的來龍去脈，隨意就豎個指頭，不分黑白地欺瞞他人，等於是將醍醐作毒藥，實在令人同情。」大慧宗杲禪師對此曾評論說：「信知佛法不可傳不可學。」要在一切現成，直下承當。

四料揀、四照用是臨濟義玄的獨創，喝的作略雖然不是義玄首創，但義玄作出了極有個性的發揚，所以也被叢林視為義玄禪法的一個重要標識，這些都不斷被後人提倡，也不乏模仿照搬者。

有學人問宗杲：「臨濟道：『煦日發生鋪地錦，嬰孩垂髮白如絲。』未審與和尚答底是同是別？」問宗杲對義玄四料揀中「奪人不奪境」的回答與義玄有同有別，大慧當下截斷說：「咬人屎橛不是好狗。」話雖粗，理極明。大慧宗杲曾問如何是人境兩俱奪，聽到學人答「『并汾絕信，獨處一方』，便有人境兩俱奪面目」時，就批評說「已落第二」。「并汾絕信，獨處一方」是義玄第一個說的，是義玄的原創，你還是這樣說，已經只是第二了。

汾陽善昭禪師說：「先照後用且要共爾商量，先用後照爾也須是個人始得，照用同時爾作麼生當抵，照用不同時爾又作麼生湊泊。」這是說對於臨濟的四照用，也不可盲目照搬。

臨濟的喝在叢林中實際上已經被人模仿得太多了，這種現象也常遭到高僧批評。唐代禪僧睦州道明曾經問一僧：「近離什處？」最近到什麼地方行腳了？那僧便喝。道明說：「老僧被你一喝。」我遭你一喝。這實際上已經暗含機鋒，有批評

他盲目模仿臨濟之喝的意思了，那僧不知此意，又喝。道明只能直接點破：「三喝四喝後作麼生?」你三喝四喝之後又怎麼樣呢？因為義玄的每一喝都有其深意，如何用喝他要看時節因緣，你把純粹模仿來的別人的這點手段全部用完後還有沒有自己的特色?那僧無語，道明就打他，罵道:「這掠虛漢。」「掠」指掠取，「虛」指虛妄不實，「掠虛」就是只會模仿別人禪法中的表面的部分，而不知其內在的實質。

　　臨濟義玄當時就對大家總是照搬他的喝提出過批評，他問道：「東堂有僧人出來，西堂也有僧人出來，兩個一齊喝，哪個是賓? 那個是主? 如果你們分不了賓主，以後不得學我的喝。」興化存獎也批評說:「我見你們這些人，東廊下也喝，西廊下也喝，莫要胡喝亂喝。」大慧宗杲則批評宋代的學語之流，以胡說亂道為縱橫，胡喝亂喝為宗旨。

　　元代臨濟宗禪僧天如惟則 (?～1354) 說:「『喝』是粥飯氣，誰不會? 你看田夫使牛也喝，祇候引馬也喝，樵子見蛇也喝，乞兒趕狗也喝，這都是一樣的粥飯氣，怎麼能稱作臨濟宗呢?」「粥飯氣」也是一句叢林常用的批評用語，表示除了只會喝粥吃飯，沒有一點創新，表達的看法如同平常吃的粥飯那樣，沒有一點創新。如果只知道模仿義玄的喝，而不知為什麼行喝，那麼這和農民趕牛時喝牛有何差別? 和表示恭敬侍候時喚馬過來的喝有什麼不同? 和打柴的樵夫看見蛇而大喝有什麼不同? 和乞丐看見狗而大喝有什麼不同? 這樣的喝怎麼能夠符合臨濟宗的精神呢?

　　圓相、退或進三步、作女人拜等綜合而成的作略是溈仰
宗中仰山慧寂的獨特做法，這也被後人模仿，楊岐方會曾以
此考察他門下的僧人。有一次悼念遷化（去世）的僧人，方
會站在這亡僧的畫像之前，以兩手捏拳安放在頭上，又用坐
具（禪僧坐臥時鋪於地上或臥具上之長方形墊布）畫一畫，
又畫一圓相，就燒香，退後三步，作女人拜。這些都是仰山
慧寂的做法，被楊岐門下的首座看出，首座說：「不要作怪。」
方會問：「首座你說什麼？」首座說：「我說您不要作怪。」方
會說：「兔子吃牛奶。」這是機鋒之語，兔子只吃草。但第二
座上前，也打一圓相就燒香，也退後三步作女人拜。方會就
走到他面前做出聽的姿勢。第二座想說些什麼，方會打他一
掌說：「這個漆桶也亂做。」「漆桶」也是叢林中的批評之語，
比喻漆黑一片，漆是黑的，桶裡不通光明，也是黑的，指愚
暗沒有光明。第二座沒有看出方會的用意，也來學這些做法，
被方會猛批一通。

　　頌古是汾陽首創，雪竇在汾陽的基礎上模仿創新，做得
更有影響，後來就有人也來模仿雪竇頌古，以求出名，但毫
無新意，反而留下笑柄。宋代一位禪僧，叢林中稱「峨嵋白
長老」，是雪竇的同鄉，他想雪竇有頌百餘首，認為雪竇的詞
意也沒有什麼高出他人之處，為何會浪得如此大名？於是他
也作頌千首，以多出十倍為勝，自編成集，指望著日後名聲
能壓過雪竇，並到處求人讚賞。有一次求到「大和山主」門
下，這位大和山主曾經遍參當時的有道尊宿，在法昌倚遇禪

師（生卒年不詳）門下開悟，出道後住大和，稱為山主，其禪法修養氣吞諸方，不會輕易就認可他人。白禪師非常想求得他的一言之鑒，也好取信於後學。大和山主見其頌集後就唾罵道：「此頌如人患鴉臭當風立地，其氣不可聞。」此頌就像有體臭的人站在上風口，臭不可聞。從此這位白長老不敢將他的頌集拿出來示人。黃庭堅（1045～1105）聽說這件事後，在成都大慈寺題壁一首：「峨嵋白長老，千頌自成集。大和曾有言，鴉臭當風立。」大慧宗杲將此事收入其《宗門武庫》醒示後人。

五、制度創新

禪宗的僧團管理，一個重要的軟性模式是以僧團領袖的人格或僧格魅力感召大眾，如五祖弘忍，白天親自帶領大家勞動，晚上坐禪至天亮，他的率先勞動示範，能提供整個僧團的衣食之需，但成千人的僧團，沒有一個禪宗自身的制度。僧團必須要有規範化的制度，特別是隨著律宗的發展，禪僧曾被要求在律寺居住，但這樣的律居生活與禪宗的說法、住持原則都有衝突。到百丈懷海，雖然他也是親身參加勞動，甚至一日不作，一日不食，成為叢林修持的典範，但他更重視從制度著手來規範禪宗僧團的管理，從而開創了禪宗的制度創新模式。

　　懷海的制度創新是他根據禪宗的特色而制定的清規，即清淨大眾的規範準則，這一清規的原貌今人已經不能見其詳，現在可見的最早的文本是附於《景德傳燈錄》卷六〈懷海傳〉之後的〈禪門規式〉，近八百字。懷海的思路是什麼呢？他說，禪宗這樣的宗派是要永遠發展下去的，所謂「來際不泯」，在未來世都不會消失，要達到這樣的目標，目前的狀況是根本無法滿足的，怎麼能依諸部小乘教的戒律而修呢？雖然中國佛教號稱教在大乘，但所依基本戒律，傳統上還是小乘律，如《四分律》，佛教也有大乘戒律，為什麼不採用此類作為禪門規範呢？懷海認為，「吾所宗非局大小乘，非異大小乘，當博約折中，設於制範，務其宜也」。禪宗既不局限於小乘和大乘，也完全不同於小乘和大乘，因此禪宗必須有相應的專門規範。這才有了懷海的制度創新舉動，其中有兩點是最為突出的創新。

　　其一是不立佛堂，只立禪堂。一般的寺院結構，佛殿是全寺的中心殿堂，供奉佛像或菩薩像，這實際體現的是一種偶像崇拜，或者說，是偶像崇拜的物化、外化。在禪宗中，不立佛殿有三層含義：第一，體現了禪宗的心性論。禪宗認為，眾生即佛，人們不必崇拜心外的佛，自心之外也沒有真佛，自心之佛是真佛，對自身的解脫真正有意義。第二，經濟上的節約。歷史上對佛教的批評中，有一條就是批評佛教大費資財，修造佛殿，建造佛像，這一規範也是對此的回應，又節約經費。第三，〈禪門規式〉中講「佛祖親囑授當代為尊」，

禪是佛意，佛意囑祖，諸祖以心傳心，傳至當代。因此，在
寺院建築中就沒有必要專門立一佛堂或大雄寶殿來強化這種
傳統的偶像崇拜，也使禪教之別明顯地區分開來。法堂是討
論禪法的場所，是講經說法之所，禪門為有別於教門而言法
堂。禪師語錄中常提到的「上堂」，即是上此法堂，禪師可以
在此開示，學生可以在此請教，這裡沒有尊卑、高下之分，
只有人的迷悟之別。

　　其二是將「普請」用制度的形式固定下來，這是禪宗清
規體現出的倫理特色的最為顯著部分之一。這種勞動制度至
少有兩方面的意義，第一是以勞動為修行，第二是顯示出禪
宗自立精神中經濟層面的意義，即追求禪宗僧團的經濟自立。
禪宗講無修之修，反對的是漸修，反對依規定儀式的程式化
的修習，但禪宗另有獨特的修行，也就是勞動，把日常生活
的活動和農業生產活動都視為修行的主要內容；而修行的日
常活動化，實際上就是把禪直接轉化為日常生活，禪是生活
的理念在此形成，破除了禪的神祕化和過於強調修練技巧而
容易形成的壟斷化。同時，修行和日常生活勞動特別是農業
生產勞動的結合，形成了農禪制度。禪宗講自立自力，對於
禪宗僧團來說，要依靠自身的力量維持僧團的存在和發展，
首先就要解決吃飯問題，傳統的佛教是接受施主的供養，但
這受到本土文化的猛烈批評，禪宗僧團把體力勞動納入修行
生活，這類的指責就缺少根據了。禪的自立精神、自力原則
也通過這種經濟生活體現出來，經濟自立對佛教的乞食傳統

是一個極大的改革。

　　清規使禪宗僧團管理走向規範化、制度化，也導致了管理的創新，受到叢林中的高度評價；如宋代臨濟宗楊岐派禪僧虛堂智愚禪師即稱此為「千古洪範」。這一制度創新的形式也不斷被後世禪宗所繼承，而有各種清規的針對性的提出，有的甚至根據自身禪宗山頭的實際狀況而制訂專門的清規，如元代臨濟宗禪僧中峰明本 (1263～1323) 所撰的《幻住庵清規》就是獨顯其一家特色的清規。制度創新成為禪門創新的一種重要類型。

第四章

禪的創造性思維

「什麼是大乘?」

「小乘是。」

「我問的是大乘,為什麼回答成小乘?」

「因為有小,所以立大,如果沒有小,大從何生?」

　　創新有其特殊的思維基礎，此即創造性思維。對創造性思維的研究，最早可追溯到德國心理學家韋索墨 (M. Wertheimer, 1880～1943) 在 1920 年用德文出版的《創造性思維》(*Produktives Denken*) 一書。中外學術界對於創造性思維的研究已有了很多成果 ❶，現在已經深入到大腦科學中非常尖端的水準，並從兒童開始培養起。禪的創新也有其創造性思維的基礎，對禪的創新的討論便自然要進入對於禪的創造性思維的追問。禪的創新思維或創造性思維的形式較多，包括直覺思維、靈感思維、中道思維、懷疑思維、求異思維、隱喻思維、形象思維。

一、頓　悟

　　對於禪的思維方式的敘述，必須從禪的開悟方式談起。禪的一種開悟方式是「頓悟」，這是禪宗，特別是南宗禪特別強調的，也是南宗的一種標識。頓悟本身雖然不能被純粹理解為一種思維方式，有的研究者仍直接將其視作創造性思維的一種類型，還有些心理學家則認為頓悟是創造性思維的前提，他們談的頓悟和禪宗的頓悟還不能完全等同。筆者認為頓悟更體現為禪的創造性思維活動的結果，是創造性思維的集中體現。

---

❶　參見何克抗，《創造性思維論——DC 模型的建構與論證》第 3 章，北京師範大學出版社 2000 年 3 月版。

1.頓悟的類型

禪門高僧都有獨特的頓悟經驗和方式，體現出禪門頓悟的多樣化和個性化，每個人的頓悟都是一種親證，難以對外人言說，所以禪門中講「如人飲水，冷暖自知」。

禪悟有時是聽經而悟。如惠能在市集上賣柴時聽《金剛經》而悟；有的經典則記載他是在聽到經中「應無所住而生其心」一句時而悟。

有的是聞聲而悟。百丈懷海門下，一次普請鋤地時，一位僧人聽到擊鼓聲，忽然開悟，舉起鋤頭，哈哈大笑而歸。懷海知道此僧已開悟，讚歎說：「俊哉！」問他見到了什麼道理？僧人當然不能直接說，就講剛才肚子飢餓，聽到鼓聲，知道可以吃飯了，所以高興。香嚴智閒禪師(？～898)向溈山靈祐請教，但溈山不為他說破，智閒泣辭溈山，後來在一次除草勞動時，偶爾拋一石塊，碰在竹子上發出聲音，忽然有悟，作開悟偈一首：「一擊忘所知，更不假修持。動容揚古路，不墮悄然機。處處無蹤跡，聲色外威儀。諸方達道者，咸言上上機。」溈山知道後，稱讚說：「此子徹也。」「徹」是指徹底的開悟。

有的是見花而悟。唐代靈雲山志勤禪師（生卒年不詳）在溈山靈祐門下時因為見到桃花而開悟，作開悟偈一首：「三十年來尋劍客，幾回落葉又抽枝。自從一見桃華後，直至如

今更不疑。」

　　有的是睹影而悟。洞山良价禪師在他的師父雲巖曇晟門下未悟，有一次涉水過河，在水中看到自己的影子，忽然開悟，留開悟偈一首：「切忌從他覓，迢迢與我疏。我今獨自往，處處得逢渠。渠今正是我，我今不是渠。應須恁麼會，方得契如如。」

　　還有的因棒而頓悟，因喝而頓悟，因斷指而頓悟；更多的是「言下大悟」，聽到禪師的針對性開示後當下覺悟。這裡的「言」，絕非一般所理解的邏輯性的或理性的語言，而是禪門的特殊語言，特別是「奇特語」。臨濟義玄因大愚守芝（生卒年不詳）的引導而言下大悟，趙州從諗在南泉普願處言下大悟，藥山惟儼在馬祖道一處言下大悟，地藏桂琛說：「若論佛法，一切見成。」清涼文益聽後言下大悟。這樣的例子在禪門中真是無窮無盡。

2.頓悟的內涵

　　那麼什麼是頓悟呢？禪門中談頓悟最為詳細的，可能要推荷澤神會了，據《神會語錄》，他說：

> 事須理智兼釋，謂之頓悟。並不由階漸，自然是頓悟
> 義。自心從本已來空寂者，是頓悟。即心無所得者為
> 頓悟。即心是道為頓悟。即心無所住為頓悟。存法悟

心，心無所得，是頓悟。知一切法是一切法為頓悟。
聞說空不著空，即不取不空，是頓悟。聞說我不著（我），
即不取無我，是頓悟。不捨生死而入涅槃，是頓悟。

這段話後來被收入惠昕本的《壇經》之中，表達了如下
的含義：

對頓悟的理解，既不能執著於理，又不能執著於智。理
是頓悟時所觀照的對象，智是頓悟時能觀的主體，超越理智
兩邊，是頓悟。頓悟是沒有先行的準備階段的，不是漸修頓
悟，這是頓悟的最重要的特徵。從心的本質角度看，頓悟就
是覺悟自心本來具有的空寂狀態。由對空寂心的體悟，頓悟
的結果必然是空無所得，而無所得也是頓悟的一個重要特點。
從心性論的角度看，眾生自心本來具有佛性，這種佛性可以
稱為「道」，能夠體會即心即佛或即心即道的禪理，就是頓悟。
頓悟即心即佛之理，不是要讓自心止而不動，而是在自心的
自然流動中，在念念無住中覺悟自心，不要讓心的自然狀態
有所改變。從心法關係角度而論，心生則法生，心滅則法滅，
頓悟是覺悟自心佛性，對於心外事法不加執著。因為心外事
法都是作為假象存在的，本無自性，體會到這一步，就能了
知一切事法的本質特點。萬法沒有自性，本性空寂，因此就
有了兩個概念，一個性空，一個是不空（假有），既要做到不
執著於空，又要不執著於假有之不空，空有雙忘，入中道義，
才是頓悟。諸法性空假有，沒有主宰之自我，稱為無我，但

對這個無我也不能執著，入中道義，才是頓悟。從終極解脫的角度看，頓悟就是涅槃解脫，但涅槃不是離開現實的生命，就在於具體的、有限的、生死代謝的生命之中，頓悟是立足於現世生死流轉中的眾生而實現的超越。

這麼一個複雜的解釋，其實對於頓悟來說，核心只是一個「頓」，瞬間的覺悟，是一念相應的瞬間，是瞬間成就的永恆，剎那萬劫。頓是和漸相對應而說的，漸悟是過程性的開悟，覺悟的過程較長，有的人一生都不能開悟，而頓則強調覺悟之迅速、快捷，這覺悟的一刻，無過程，無階段，佛教用「剎那」來形容。「剎那」是個什麼概念？印度佛教用來表示時間的最小單位，依《俱舍論》卷十二記載，一百二十剎那為一個「怛剎那」，六十「怛剎那」為一「臘縛」，三十「臘縛」為一個「牟呼栗多」，三十「牟呼栗多」為一個晝夜。如此推算，一剎那大約相當於現在的 0.013 秒。這個概念意譯為「須臾」，神會有「若迷即累劫，悟即須臾」之說，須臾之悟就是頓悟。

二、直覺思維

禪的創造性思維形式之一是直覺思維。直覺是和頓悟相聯繫的，頓悟的剎那使用的創造性思維的方式之一是直覺思維。從一般的意義上說，直覺是直接地照察對象之本質的思

維方式，無需邏輯的推理，也無需感覺的刺激，它具有瞬間性、超邏輯性和創造性，在哲學和心理學上有不同的解釋。

1.哲學層面的直覺思維

作為哲學概念，哲學史上對直覺有不同的看法，但都是從直覺和理性的關係角度討論的，基本的觀點可以歸納為兩種，一是把直覺看作與理性相聯繫的認識形式，二是把直覺與理性對立的，導致非理性主義。

前一種看法，以笛卡爾 (R. Descartes, 1596～1650)、斯賓諾莎 (B. Spinoza, 1632～1677) 和萊布尼茨 (G. W. Leibniz, 1646～1716) 三位西方著名哲學家為代表。笛卡爾把直覺看成是理性的一種活動，因此可以稱其為理性的直覺，由此理性直覺產生的不證自明的概念，就是公理，是推理的起點，他說直覺不是感官所提供的恍惚不定的證據，也不是幻想所產生的錯誤判斷，而是由澄清而專一的心靈所產生的概念。斯賓諾莎把直覺知識（也譯作「直觀的知識」）看作比意見、想像（感性的知識）和理性知識更高一級的知識，他將直覺知識和理性知識一樣稱為真知識，是理智對事物本質的直接和整體性的把握，而理智的這種能力來自於神，是神的本質所包含的不證自明的觀念。萊布尼茨的觀點，是把直覺看作比理性更有價值的且無需理性方法的知識，反映觀念間的直接的關係，觀念和真理之間的聯繫是直接被看到的，而不是

通過中介而得出的推理知識。

　　後一種看法以柏格森 (H. Bergson, 1859～1941) 為代表，他認為直覺是人們對生命存在的當下性的體驗，只有直覺才能引導人們走進生命的內部，心靈對心靈的直接注視，中間沒有任何中介，而是每個人都具有的一種本能，但因為理智的覆蓋而不能發揮作用。直覺思維和理性思維的關係，他認為直覺高於理性，真正能獲得關於實在的內在知識的方法是直覺。這樣的觀點在倫理學界也由英國哲學家摩爾 (G. E. Moore, 1893～1958) 在他的《倫理學原理》(*Principia Ethica*) 中提出；在彼處他主張直覺是認識善的唯一方式。

2.心理學層面的直覺思維

　　作為心理學概念，直覺在心理學上一般被認為是不經過複雜的智力操作或邏輯程序的過程而直接迅速地認知事物的一種思維活動。當代西方心理學界對直覺的研究，以格式塔心理學 (Gestalt psychology) 最為著名，這一流派的德國心理學家苛勒 (W. Köhler, 1887～1967) 用猩猩做了七年的研究，觀察其解決問題的過程，其中有著名的疊木箱和連接竹竿實驗。疊木箱實驗是將一隻猩猩放進小屋子，屋頂下掛香蕉，屋內散放一大一小兩只箱子，猩猩站在地上拿不到香蕉，坐或站在任何一只箱子上也拿不到香蕉；最終猩猩會直覺地想到站在兩隻重疊的箱子上才能拿到香蕉。連接竹竿實驗是將

猩猩放進籠子，籠內有兩根竹竿，籠外放香蕉，猩猩最終會直覺地想到將竹竿連接起來取得籠外的香蕉。結論是，動物解決問題或學習的過程，是直覺性的突然頓悟，這種頓悟是對整個問題情境中各種關係結構的整體性理解。同時，心理學家們還揭示了直覺頓悟的心理機制問題，西蒙 (H. A. Simon, 1916～2001) 認為，人們能夠產生直覺，是因為他能很快地在記憶中把他原來熟悉的組塊認出來。

3.禪宗的直覺思維

將頓悟和直覺相聯繫，太虛在《唐代禪宗與現代思潮》一文中已經提出過，並與柏格森的直覺相比較，他說:「宗門之悟入方法，絕對廢除理論，專用直覺為接機之化。」他認為柏格森在直覺論方面只是提出了一個直覺之名，而絕無直覺的體驗，不能證實直覺。

直覺思維是和理性思維、邏輯思維相比較而言的。邏輯思維有其規範性的形式和程序，而直覺是不遵守這些的，一般稱直覺是「非理性」的，其實是超邏輯和超理性的，超越感性認識（感覺、知覺、表象）和理性認識（概念、判斷、推理）的觀念，是比邏輯和理性思維更為高級的認識和思維形式。邏輯和直覺有不同的功能，邏輯用於證明，直覺用於發明；後者是創造性的。

直覺的超理性和超邏輯性要求對於語言文字有一個超越

的態度，不能教條主義地對待，更不能被其束縛，禪宗將語言文字形容為「葛藤」，喻其有纏繞束縛之弊。禪宗常講「言語道斷，心行處滅」，意思是說，語言文字的局限性對於最高真理是有障礙的，常規的概念性思維只能使真理的光輝被埋沒。禪宗講不立文字也有這一意思。對於這一直覺思維的基本原則，永嘉玄覺講不能「滯言而惑理」，即不可以被語言文字所迷惑。荷澤神會講「不假繁文」，指的也是這層含義。大珠慧海講「得意者越於浮言，悟理者超於文字」，禪法的精神超過語言文字的表達能力，不是智辯所能解釋得清的，執著於語言文字，會成為「文字障」，即語言文字本身成為創造性思維的障礙。禪宗一直強調惠能不識字，也有反對文字障的含義。

　　直覺的超理性和超邏輯性要求「絕思量」，即斷絕一般的邏輯性的思慮、量度的形式。南泉普願說：「真理無形，如何知見？大道無形，理絕思量。」知見或知解是禪宗中的貶義概念，指邏輯和理性思慮分別而立的見解。所以，禪僧在參禪過程中，不能有「擬議」的情形出現。擬議就是要想一下才發表看法，依常規性思維方式思考一下；依常規性思考表達出來，是不能達到頓悟的，所以禪僧剛擬議，禪師就會用各種方式打斷。佛教有「不可思議」之說，表示一種最高的境界，但興善惟寬禪師（755～817）將其解釋為禪境界的絕思量，不可思和不可議，「思之不及，議之不得」。常規性的邏輯和理性思維對於禪的頓悟來說，也容易形成障礙，稱為「理

障」(理障當然另有確定的含義，此處指理性之障)。

　　直覺的超理性和超邏輯性要求超越感性的思維形式，所以黃檗希運禪師要求學人「空卻見聞覺知」，南泉普願認為「大道」即禪的真理不能從見聞覺知中求得，叢林中因此常講「法離見聞覺知」。

　　直覺的超理性和超邏輯性要求思維的無意識狀態，在這種狀態下產生的創造性，稱為「無意識的問題解決法」(unconscious problem solving)，這個概念是借用的。在這種狀態下，意識是不加控制而自由流淌的，大腦處於放鬆狀態，這種放鬆在常人可能是立即放下工作，不再考慮與此項工作的問題，海邊散步、聽音樂、駕帆出海，甚至是進入夢鄉等；如法眼宗天臺德韶國師就是在洗澡時的放鬆狀態開悟的，他曾問龍牙禪師：「天不能蓋、地不能載時如何？」先後問了十七次，龍牙只是答：「道者合如是。」德韶後來在澡浴的時候忽然有省。這種無意識狀態在禪宗中的表達，惠能表達為無念、無住、無相以及無修之修，馬祖道一和南泉普願表達為平常心，黃檗希運表達為無心，臨濟義玄表達為隨緣任運。可見直覺思維不是一種計劃性思維，不規定在某個時段要思考什麼問題，也不要求刻意去做某件事。頓悟是在無意識的狀態下產生的，而非有意識的求取。直覺不是「擬向」式的思維或行為，趙州問南泉普願什麼是道，普願答以平常心是道，趙州就問：「還可趣向也無？」普願說：「擬向即乖。」趙州的趣向就有刻意的成分，而南泉告訴他，假如這樣的話，

就和禪之道相乖反了，所以趙州後來只是叫人「吃茶去」。在無意識的放鬆狀態下，被邏輯和理性規則扼制而不能產生接觸的大腦神經的觸點之間，有可能會被激活而相觸，產生思想的火花。

　　直覺的超理性和超邏輯性要求思維的跳躍性，它並不遵循常規思維的規則，而是常常從一個問題跳躍到另一個問題，從一個點跳到另一個點。藥山惟儼問僧人：「什處來？」僧人回答：「湖南來。」又問：「洞庭湖水滿了嗎？」僧人回答：「沒有。」又問：「下了那麼長時間的雨水，為什麼還未滿？」僧人無語而答。第一問，看起來是問個來處，其實也是暗含機鋒的，但僧人不知機鋒，依字面意思照實回答。第二問，從湖南的洞庭湖之南面的地理位置跳到洞庭湖本身，問湖水滿了沒有，這更是暗含機鋒的，而僧人還是實答。第三問，又跳到下雨上去了，實際上已經包含了批評禪僧根機遲鈍之意了。由此看出，這種思維不但是跳躍式的，也是發散式的。這種跳躍看似不規則，其實反映了禪的創造性思維本身的邏輯。

三、靈感思維

　　禪的創造性思維形式之二是靈感思維。靈感在西方宗教裡是指神賜的靈性或靈氣，從辭源上看，是由向內和呼吸兩層意思構成；向內呼吸什麼呢？吸入神的靈氣或靈性。在一

般的意義上，靈感是心靈或情感受到某種激發而產生的思維
的突然變化，導致對於某一事物產生獨特的感悟，產生對於
久而未決的問題的解決方法，其特點體現，據有的學者指出
有七種：非預期的突發性、不受意識控制的非自覺性、多功
能多因素的綜合性、心物感應活動的不可重複性、認識過程
的跳躍性、信息處理的模糊性和反常規的獨創性。禪宗講的
靈感之源並不在心外的神靈，而是眾生心中本來具有的一種
創造性思維形態，是靈靈不昧、了了常知之性，只是一般人
被常規性思維所覆蓋，而常常處在隱覆狀態，扼制了靈感的
發生；而靈感一旦產生，也就是頓悟的完成，所以靈感和頓
悟是相聯繫的。其特性需要強調的是突發性、瞬間性、直覺
性、個性化等。

　　靈感的產生是不可預測的，突發的，不知道它何時出現，
也不可設計它在何時出現，其神祕性也正在於此。這也和每
個人的悟性、心靈的敏感度、修行的經驗等眾多因素相聯繫。
惠能是聽到《金剛經》而激發了靈感，這是他賣柴之前沒有
預料到的，而這一靈感一出現，就改變了他的命運，當然也
改變了禪宗的發展方向。百丈懷海是和老師馬祖道一在外面
散步時，因回答問題錯誤，被老師扭痛了鼻子，痛得直哭，
靈感出現。一擊竹子而悟的智閒在勞動時並沒有計劃好靈感
的出現，但當擊竹出聲後，忽然來了靈感。靈雲志勤禪師也
沒有設計好看到桃花就產生靈感,但當他偶然看到桃花之後,
靈感出現了。洞山良价自己也沒料到在渡水時看到自己的影

子會有靈感出現，這就是不可思議。溈山靈祐對人開示了「一切眾生皆無佛性」原理，持非心非佛論；另一位禪師鹽官齊安國師 (?～842) 則講「一切眾生皆有佛性」，持即心即佛論。齊安門下有二位僧人曾到溈山門下去，但心生輕慢之意，仰山知道後，勸他們勤學，但他們對仰山的指示沒看明白，就回鹽官門下。一僧走到三十里路的時候，忽然來了靈感，感到溈山的非心非佛論確實不錯，於是再回溈山門下去；另一位則再往前走了幾里，渡河時也來了靈感，覺得溈山所言有道理，也返回溈山門下。越州師鼐禪師（生卒年不詳）曾在雪峰義存門下參學，後來受福建地方官之請在清風樓赴齋應酬，坐得太久了，舉目遠望，忽然看到日光，靈感出現，豁然頓曉，作偈一首：「清風樓上赴官齋，此日平生眼豁開。方信普通年遠事，不從蔥嶺付將來。」這些靈感出現的案例都是突發性的，不可預期的，但有一點是可以確定的，那就是靈感發生的狀態是心情的放鬆狀態，不是刻意地等靈感，求靈感出現，在放鬆的心境下，往往不期而止。依古人的經驗，三上即馬上、枕上、廁上最容易出靈感，也是形容心境最為寧靜，心情最為放鬆的狀態。

　　靈感的產生具有瞬間性和直覺性。靈感不但不可預期，不可控，而且它的出現也是瞬間性的，不可久存，稍縱即逝，這是其瞬間性。直覺性是講靈感不是在邏輯和理性狀態下的思想活動，而是超邏輯、超理性的直覺狀態下的心靈活動。禪宗常講「一念相應」，是一剎那間靈感的閃動，簡直是來無

影去無蹤。什麼是「一念」？就是靈感的一閃念，如永嘉玄覺
所說：「一念者，靈知之自性也。」什麼是一念相應呢？南陽
慧忠國師認為「憶智俱忘即是相應」，這指的就是直覺的狀態。
所以對於靈感也無法用概念來概括，無法用邏輯判斷來表述。
當懷海被道一扭鼻痛哭而靈感至，其他僧人問他：「你這樣哭
是想父母了嗎？」他只是用最表面的描述，說：「我鼻孔被馬
大師扭得痛得不得了。」真正的靈感狀態，他是說不出來的。

　　靈感的出現和表現是個性化的，每個禪師的靈感樣式都
不同，每個人發生靈感的觸動機緣與對靈感的感受也不同，
不同禪師的開悟偈充分說明了這一點。正因為如此，禪的靈
感具有強烈的個性，也不可重複；不但個人不可重複自己的
靈感，他人更無法模仿。

四、中道思維

　　禪的創造性思維形式之三是中道思維；依據中道原則的
思維是禪宗特有的思維方式。中道思維反對絕對、獨斷的形
而上學思維，反對非此即彼的簡單化思維，而應不執著於某
一方面來理解對象。最為典型的中道思維表達為八不：「不生
亦不滅，不常亦不斷，不一亦不異，不來亦不出。」

　　從生滅的角度看，不能執著事物生的一邊，也不能執著
事物滅的一邊，事物的生也包含著滅，事物的滅也包含著生。

從永恆性（常）和相對性（斷）的角度看，不能執著於事物的絕對性，也不能執著於其相對性的一面。從同一性和差異性的角度看，既不能執著於事物為一，也不能執著於事物為異。從運動的角度看，既不能執著於事物為處於來的狀態，也不能執著於其處於去的狀態。

在禪宗中，中道思維有著不同的表達。在惠能是對法中道，在使用對法時，要求離兩邊。如學僧問什麼是無，答以有；問有，答以無；問凡，答以聖；問聖，答以凡。如此一來一去，就體現出非有非無，非凡非聖的中道原理。

荷澤神會繼承了這一方法，有人問：「什麼是大乘？」他回答說：「小乘是。」那人更問：「我問的是大乘，為什麼回答成小乘？」神會說：「因為有小，所以立大，如果沒有小，大從何生？」實際上說明的是不要執著於大乘小乘，非大乘非小乘。

大珠慧海也繼承了這一方法，有人問他：「什麼是常？」他答道：「無常是。」再問：「我問的是常的含義，你為什麼答我以無常？」他解釋說：「因為有無常，才有常的意義，如果沒有無常，也沒有常的意義。」說明了不要執著於常或無常兩邊。

在馬祖道一和南泉普願門下，這種中道思維表達為平常心，馬祖解釋平常心有「無是非、無斷常、無凡無聖」等內容，這都是八不中道的表達。平常心針對的是不平常之心，不平常之心常常是邊見思維，執著於聖、常、是、一等等，

想消除的是凡、斷、非、異等等。禪宗「無心是道」中的「無心」，實際是平常心的又一種表達，包含了中道思維。

　　中道思維最表層的表現是「否定式思維」，即遮詮。遮詮和表詮是兩種相反的表達方式，遮詮以否定的方式表達思想，體現為否定性的概念或判斷，闡明一種對象沒有某種或某些屬性，只作否定，不作肯定，背後隱含著無限的解釋空間。表詮則和遮詮相反，是肯定性表達，肯定對象有某一種或某一類屬性，體現為肯定性概念和判斷，給出的解釋是被肯定了的有限內容。比如要畫一幅月亮的圖畫，肯定性思維方式的畫法是直接選用某種顏料將其畫出來，人們看到的就是這種顏色、形態的月亮，而遮詮式思維的畫法是將畫面區的周圍都用顏料塗滿，剩下的空白，就是月亮，你不能說出這個月亮是什麼顏色，但給出了無窮的想像空間。

　　禪師們依據這種否定性思維，經常用「無」、「不」、「非」等詞彙來表達思想。惠能曾這樣描寫佛性：「吾有一物，無頭無尾，無名無字，無背無面。」問大家是否瞭解這個對象。黃蘖希運將人的本性描述為「本來清淨皎皎地，無方圓，無大小，無長短等相。無漏無為，無迷無悟，了了見，無一物，亦無人，亦無佛」。永明延壽描述心真如門為「非染非淨，非生非滅，不動不轉」等等。有的禪僧將這種否定性思維用詩偈來表達，著名的一首是傅大士的詩：「空手把鋤頭，步行騎水牛。人在橋上過，橋流水不流。」明明是空著手，卻說握著鋤頭；明明是握著鋤頭，卻說空著手；明明是在步行，卻說

騎著牛；明明是騎著牛，卻說是步行；人站在橋上，一般認
為是水在流，他卻認為是橋在流。

　　還有一類體現否定性思維的是用禪門的奇特語來表達。
有人問投子大同禪師：「如何是和尚安樂處？」投子說：「丫角
女子白頭絲。」丫角女子是紮著羊角辮子的小女孩，怎麼會有
滿頭白髮呢？用這種矛盾的組合表示否定。又如天童正覺禪
師所講的「泥牛飲盡澄潭月，石馬加鞭不轉頭」，泥塑的牛怎
麼進食呢？石雕的馬如何能跑呢？此類的奇特語也表示一種
遮詮。

　　但是中道思維又要求對此否定性本身也不能執著，所以
有「離四句，絕百非」的要求。「四句」即有句、無句、亦句
（亦有亦無）、非句（非有非無）；第一句是肯定句，第二句
是否定句，第三句是複合肯定句，第四句是複合否定句。一
般常規性思維認為，有此四種表達，足可以體會真理本身。
「百非」是對第四句的進一步發展，否定一切具體特性的描
述，連這個否定之「非」本身也要否定掉，這樣才能接近真
理。百丈懷海曾說，如果執著於肯定性的「有」，就是常見外
道；執著於第二句否定性的無，就是斷見外道；執著於第三
句的亦有亦無，則是邊見外道；執著於第四句的非有非無，
就是空見外道。所以經常有禪僧求禪師離四句絕百非地回答
問題，如有僧人問馬祖道一：「請您離四句，絕百非，說一下
什麼是祖師西來意。」道一這樣妙答道：「我今日無心情。」叫
他去問別人。有僧人問大安山省禪師(?～883) 類似的問題，

禪師答道：「我王庫內無如是刀。」表示對於離四句絕百非也不能執著。

中道思維也包含了模糊思維 (fuzzy thinking)。模糊思維的重要特點是不精確，概念不精確、判斷不精確、結論不精確，不是簡單地贊同或否定某一種觀點，也不是簡單的是或不是、對或錯。禪師的答案是不說破的，包含廣泛的含義，因此也不給出個具體的明確答案。理性化的邏輯思維要求概念是確定的，不能有歧義，這是討論問題的起點，判斷須符合邏輯規則而且精確。但在禪的思維中，卻沒有這樣的精確性。

比如你要問一個問題：「什麼是祖師西來意?」答案是五花八門的。趙州從諗問此問題，臨濟義玄答道「正好老僧在洗腳」。有人問趙州本人此問題，他卻說「庭前柏樹子」。有人問雲門文偃此問題，雲門答覆是「日裡看山」。仰山慧寂問此問題，溈山靈祐指著燈籠說「多麼好的燈籠」。

道是禪宗的核心概念之一，什麼是道？答案看來也是模糊的，石頭希遷回答是「木頭」，香嚴智閑回答說「枯木裡龍吟」，雲門文偃則答一個字「得」，溈山靈祐則說「無心是道」，汾陽善昭則說「虛空無障礙，來往任縱橫」。

禪也是禪宗的核心概念之一，什麼是禪？石頭希遷回答是「碌磚」，雲門文偃依舊是一個字「是」，五祖法演則說了一大段：「閻浮樹在海南邊，近則不離方寸，遠則十萬八千，畢竟如何？禪! 禪!」石霜楚圓則答「鼻孔入地」。

這種模糊性正顯現思維的開放性，答案的開放性，提供了更為寬廣的思考空間。

五、懷疑思維

禪的創造性思維形式之四是懷疑思維。前文在談到禪的創新特點時提到了禪的批判性和否認權威，這也是以懷疑為基礎的，沒有懷疑就沒有批判，沒有懷疑就沒有對於權威的否定。懷疑成為一種特殊的創造性思維方式而為禪宗所推崇。

禪宗在談到參話頭時，特別強調這種懷疑思維，認為做工夫必須要有疑情，要大起疑情。有一句著名的話：「大疑大悟，小疑小悟，不疑不悟。」有大懷疑才有大覺悟，有小懷疑只有小覺悟，沒有懷疑就沒有覺悟。疑有十分，則悟有十分。大疑要疑到什麼境界呢？對外，十方世界都起個疑團，疑到不知自己的父母所生之身，忘我之疑。對內，自身的通身起個疑情，疑到忘卻了十方世界，內外兼疑，內外兼忘。這雖然是專為參話頭而談的，但也有其普遍性意義。什麼是疑情呢？明代曹洞宗高僧博山無異元來 (1575～1630) 說，不知道生從何來，所以要對來處起個懷疑，死不知道往哪裡去，所以要對死後的歸處起個疑情。

有了疑情，就要破這種疑情，如何破疑呢？一種方法：心中時時存個疑團，放也放不下，趕也趕不走，如臨深淵，

如履薄冰，一直到疑團破解。

另一種方法就是提問，大珠慧海說：「若有疑情，一任諸人恣意早問。」所以禪門中的請益就是由提問構成的。一般性的提問，會問六大問題，「什麼」(what)、「何處」(where)、「何時」(when)、「怎樣」(how)、「為何」(why)、「誰」(who)。禪宗中也問此類的問題，比如「什麼」類的問題，經常問的有：「如何是祖師西來意?」「如何是禪?」「如何是道?」「如何是佛法大意?」「如何是古佛心?」「如何是古佛家風?」「如何是正法眼藏?」「如何是教外別傳一句?」這些都是禪門根本性的問題。「如何是和尚家風?」「如何是雲門一曲?」問的是具體的禪門宗風是什麼，比如雲門宗風是什麼。「何處」類的問題，禪門中有時會問個：「什處去?」學人會問禪師說：「教某甲向什處去?」「怎樣」類的問題，比如「如何是學人的的事?」「如何是學人?」「如何是沙門行?」「如何是向上一路?」問的是如何有效地修習禪法。「誰」類的問題，比如有僧問：「按劍者是誰? 擬殺何人?」按劍者喻高僧，殺喻幫助去除執著。更普遍的是習念佛禪者常問個：「念佛的是誰?」

問題式思維最為典型的，恐怕要數汾陽善昭了，《人天眼目》和《五家宗旨纂要》將其禪門中的問題類型歸為十八類，稱「汾陽十八問」。

第一是「請益問」，學人請教問題而問，比如問個：「如何是佛?」之類。

第二是「呈解問」，學人將自己的見解呈現給禪師，請求

印證，比如問個：「天不能蓋，地不能載時如何？」

第三是「察辨問」，審察辨難而問。

第四是「投機問」，相投機竅而問。

第五是「偏僻問」，偏枯僻執而問，比如問個：「鶴立枯松時如何？」

第六是「心行問」，自表心中的想法而問，比如問個：「皂白未分，乞師方便。」請禪師接引開示。

第七是「探拔問」，探求尋拔而問，比如問個：「不會底人為什麼不疑？」

第八是「不會問」，因為不會禪，所以直接問法，初學者常問此問題，比如問個：「乍入叢林，乞師指示。」

第九是「擎擔問」，自己擎擔所見而問，比如問個：「一物不將來時如何？」

第十是「置問問」，設置一提問的話頭而問，比如問個：「瞬目不見邊際時如何？」

第十一是「故問問」，設定一個理由而問，比如問個：「一切眾生皆有佛性，為什麼狗子卻無？」

第十二是「借問問」，借助於另外一個問題而問，比如問個：「大海有珠，如何取得？」

第十三是「實問問」，以真實之理而問，比如問個：「只見和尚是僧，如何是佛？是法？」

第十四是「假問問」，假借一個問題而問，比如問個：「這個是殿裡底，如何是佛？」不是問大殿裡的佛，而是問心中的

佛是什麼。

第十五是「審問問」，是審察其理而問，比如問個：「一切諸法本來是有，那個是無?」

第十六是「徵問問」，徵考原因而問，比如問個：「祖師西來，當為何事?」也就是什麼是祖師西來意之問。

第十七是「明問問」，明白直接而問，比如問個：「不問有言，不問無言。」

第十八是「默問問」，默然不言而問，無言而立，也是一種問。

臨濟義玄當時在黃檗希運會下，三年沒有發問，但首座和尚很關心他，問他有沒有參問過，他回答說不知道問個什麼，首座就建議他問個如何是佛法的的大意，但問了黃檗三次，三次被黃檗打。這也是個陷阱，因為這個問題太俗套了，黃檗愛其心切，這麼優秀的人竟然也問這樣俗套的問題，所以打他。因此，提問題也是禪的創造性思維的體現，一要有問題意識，二要會提問題。一般認為，能夠提出問題實際上等於解決了問題的一半，但是提什麼樣的問題更是體現創新能力的。

六、求異思維

禪的創造性思維形式之五是求異思維。求異思維和趨同

思維有所不同,趨同思維是跟隨流行式的,和別人想的一樣,別人怎麼想,你也怎麼想,別人怎麼說,你也怎麼說,而求異思維卻要尋求另一條思路,不是傳統的思路,也不是流行的思路,很有特點地獨闢蹊徑,和別人想法不同,但又顯示出創新性,不是為了追求不同而不同,而是確實有其創新之處。求異思維是創造性思維的重要形式,禪宗對此的運用非常普遍。

禪師的求異思維從不同的宗風、作略、禪法思想等體現出來,這些在前文中多有提及,這裡再闡述另一種體現。禪師們常常在和其他高僧的自覺比較中,體現求異思維,某一位高僧表達了某一種看法,另一位恰恰不這樣認為,他們經常會說個我「即不然」、我「不恁麼道」,以示有不同的思考。

洞山良价門下,有僧人問:「寒暑到來,如何迴避?」良价說:「何不向無寒暑處去?」僧人再問:「什麼是無寒暑處?」良价說:「寒時寒殺闍黎,熱時熱殺闍黎。」闍黎是指有學問、德行的佛門師長。北宋臨濟宗僧琅琊慧覺對此卻另有看法,他說:「我即不然,如何是無寒暑處?僧堂裡去。」雲門宗雲居曉舜禪師(生卒年不詳)對他們兩位的說法也不滿意,他說:「山僧即不然,如何是無寒暑處?三冬向暖火,九夏取涼風寶。」

雲門文偃門下,有一次文偃問一位僧人:「今天要供養羅漢,羅漢都來了沒有?」僧人回答不出來,文偃就代他回答說:「三門頭合掌,佛殿裡燒香。」但黃龍慧南有不同的想法,他

說：「我就會這樣說，『有水皆含月，無山不帶雲』。」

　　宋代雲門宗僧智門光祚（生卒年不詳）門下，有僧人問他：「什麼是般若體？」他回答說：「蚌含明月。」又問：「什麼是般若用？」他回答說：「兔子懷胎。」黃龍慧南也有不同看法，他說：「不然，如何是般若體？一堆屎。如何是般若用？一堆屎中蟲。」反對智門光祚從言語中闡明體用原理的做法，其實光祚的言語已經是非常具有禪語機鋒的特點了。

　　唐代臨濟宗僧三聖慧然（生卒年不詳）曾經說過這樣一句話：「我逢人即出，出即不為人。」興化存獎禪師則說：「我即不然。逢人即不出，出即便為人。」以示相異。這兩種表達，成為禪門中參究的一個話頭。唐代大慈寰中禪師 (780～862) 曾說：「說得一丈不如行取一尺，說得一尺不如行取一寸。」洞山良价禪師說，我就「不恁麼道」，不這樣說，怎樣說呢？「說取行不得底，行取說不得底」。唐代曹洞宗雲居道膺禪師 (835～902) 則說：「行時無說路，說時無行路。不說不行時，合行什麼路？」

七、　隱喻思維

　　禪的創造性思維形式之六是隱喻思維。從西方的辭源角度看，隱喻 (metaphor) 是源自古希臘語，意思是轉換、變化，是某種與字面意思不相符合的表達。對於隱喻的研究，在西

方世界很受重視,他們關注隱喻本身能否從字面上得到解釋,字面意義和隱喻的含義到底有多大區別等等, 從中國文化的源頭看, 指的是譬說的一種。譬說有明喻和隱喻, 明喻在比喻詞和被說明的對象之間所要表達的含義是非常明確和直接的, 直接說某對象像某物一樣, 比如「姑娘像花一樣」, 並不是說姑娘就是花, 而是具有鮮花般的特性, 人人都能明白。而隱喻則很難非常明顯地被直接看出兩者之間的關聯。隱喻是人類早期的一種重要思維方式, 神話、詩歌都使用隱喻, 它對於人們如何感知和理解事物有著重大影響。在禪宗中, 隱喻是一種特殊的創造性思維方法, 被大量使用, 禪要求不說破, 但又不能不說, 隱喻是一種恰當的方式。禪宗使用的隱喻包括了語言型隱喻、動作型隱喻和語言動作結合型隱喻。

1.語言型隱喻

　　語言型隱喻主要就是奇特語隱喻, 奇特語隱喻是以禪門奇特語來說明禪理, 禪門奇特語是暗含機鋒的禪語, 其包含的隱喻在常人常理看來不符合常規, 非常奇妙特殊, 所比喻的意義是多重的, 而非明喻那樣的明確和單一。

　　奇特語的表達有多種方式, 其中之一是一句中包含兩個似乎相互矛盾的事象, 比如臨濟義玄四料揀中談到奪人不奪境的「奪人」就用一句「嬰孩垂髮白如絲」, 從其語境看, 主要是表示否定, 用常理認為的不可能性來否定; 什麼是不可

能的？嬰孩不可能像老人那樣白髮如絲垂地。離開這個語境，
當然你還可以理解為少和老之間的分別應該超越。同樣的表
達，有人問投子大同和尚：「如何是和尚安樂處？」他的回答
是：「丫角女子白頭絲。」和義玄的意思一樣，羊角辮子的小
女孩怎麼會是一頭白絲呢？這一回答暗示著對於問題的否定，
表示問得不當，我的安樂處是我的，不是你的，你應該有你
自己的安樂處。安樂處表示解脫之境。

　　有僧問徑山道欽禪師：「如何是道？」他的回答是：「山上
有鯉魚，海底有蓬塵。」鯉魚生活在地上的河湖之中，怎麼會
在山頂上呢？（這裡不包括山頂天池中可能有魚這種特例）飛
揚的塵土在大地上，怎麼會在海底呢？也是表示對問題的否
定、我不想回答之意等等。此類的奇特語使用非常普遍，諸
如「泥牛吼水面，木馬逐風嘶」、「石牛頻吐三春霧，木馬嘶
聲滿道途」、「刮龜毛於鐵牛背上，截兔角於石女腰邊」等等，
不一而足。

　　奇特語的表達之二是一句中包含不合常理或常理下不可
能完成的事情，比如有僧人對雲頂山敷禪師（生卒年不詳）
說：「請和尚吞卻街前下馬臺。」這怎麼能吞得下？「不許夜行，
投明須到。」投子大同和雪竇重顯都說過這句話，夜裡不許行
路，天亮時如何能夠到達？有僧問洞山良价：「什麼是祖師西
來意？」良价說：「待洞水倒流，即向汝道。」洞水自然倒流幾
乎是不可能的事。有僧問趙州從諗：「萬法歸一，一歸何所？」
趙州回答說：「老僧在青州作得一領布衫，重七斤。」一件布

衫怎麼會有七斤重呢？不合常理，這意味著什麼呢？

　　奇特語的表達之三是重複問題，即提問者問什麼問題，禪師以此問題返回以作答。有僧問法眼文益：「如何是曹源一滴水？」文益答道：「是曹源一滴水。」有僧人問天目中峰和尚(1263～1323)：「清淨本然，云何忽生山河大地？」中峰回答道：「清淨本然，云何忽生山河大地。」表面上是同義反覆，表面上是說問題本身已是答案，實際上也是在說，不應該有此問。南泉普願禪師向兩位僧人提問：「夜來好風？」一僧以問為答：「夜來好風？」另一僧則有分別：「是什麼風？」南泉又問：「吹折門前一枝松？」一僧以問為答：「吹折門前一枝松？」另一僧又有分別：「是什麼松？」普願評價說：「一得一失。」哪一僧得哪一僧失？重複問題的是得，因為無分別心，問「是什麼？」的失，因為有分別心。

　　奇特語的表達之四是故意迴避法，即明知提出的問題所在，卻迴避而不正面回答，或以表面意思為喻，或以諧音為喻，或者就是推託。有僧問趙州從諗禪師：「如何是趙州？」實際上是問趙州宗風是什麼，從諗故意從表面的趙州城的角度回答說：「東門，西門，南門，北門。」趙州城有東南西北四個門。這個回答其實也不是簡單的，又隱含有門門通趙州城中，要瞭解趙州從諗的禪法，並不是只有一條路。有僧人問趙州從諗，學人有疑惑時應該怎麼辦？他卻回問道：「大宜小宜？」僧人說：「大疑。」趙州就說：「大宜東北角，小宜僧堂後。」疑和宜諧音，此疑是疑惑、疑難、疑問，那宜是大小

便，大宜即大便，小宜即小便，趙州故意以「宜」解「疑」，所以說，大宜到東北角的廁所裡去，小宜就可以貓在僧堂後面解決掉。故意推託式的隱喻就很多了，有的說，我今天頭痛；有的說，我今天沒有心情；有的說，我不會。這一例則以拖延為手段：

清平令遵禪師 (845～919) 初參翠微禪師（生卒年不詳）時問：「什麼是祖師西來意？」翠微說：「等到沒有人了再向你說。」過了一會，清平說：「沒有人了，請您說吧。」翠微下了禪床，引清平到了竹園，清平又催促一遍，翠微於是就說：「你看這根竹子為什麼長得那麼長，那根為什麼那麼短？」

奇特語的表達之五是雙關語隱喻，是以一語雙關的方式表達隱喻的含義，表面上是一重意義，其實隱含著的另一層含義才是真正的意義，這就要求學人體會言外之意，弦外之音。比如有一種看似平常的雙關語，就是喚名字法，要人不執著於名字稱號，而要認清自己的本性。香林澄遠禪師 (908～987) 在雲門文偃門下，文偃每次接引他，都是喊他一聲「遠侍者」，他每次都是答應一聲，文偃再問一句：「是什麼？」是你的名字呢還是本性呢？如此十八年，澄遠終於開悟，文偃也說，我以後再也不叫你了。這實際上是「遞進雙關」，這是筆者提出的概括性概念，意思是說，其雙關的含義既在第一句中，也暗含在由第一句衍生的第二句乃至第三句中。比如唐代保福從展禪師 (?～928) 問僧：「你叫什麼名字？」這是第一層雙關語，表面上問名字，其實問人的本性是什麼。

如果不明其理，則一般會直接回答法號，所以僧人回答：「咸澤。」保福以這個法號為話頭再問：「或遇枯涸時如何？」這是第二層雙關，澤以水名，澤執著的是水，那麼沒水了怎麼辦呢？還叫澤嗎？或者說，如何保持你的水不枯涸呢？如何保持你的自性呢？僧人有點明白其義，所以反問：「誰是枯涸者？」保福說：「是我。」這就不是簡單的一語雙關，而是有多重意義。

　　奇特語的表達之六是指境隱喻。這是以自然環境作為隱喻的主體來暗喻所要說明的對象。僧問趙州從諗：「什麼是祖師西來意？」趙州說：「庭前柏樹子。」趙州以門前的一棵柏樹暗喻西來意不可說，西來意普遍存在。指境為喻另一個突出的體現是指自然環境之整體為喻。什麼是祖師西來意？雲門文偃說：「山河大地。」有僧問雙峰竟欽禪師（生卒年不詳）：「什麼是雙峰境？」他回答說：「夜聽水流庵後竹，晝看雲起面前山。」暗示一種人境和諧的境界。指境隱喻有時指境中某一事為喻，通過某一事象表達隱語的含義，是為指事隱喻。

2.動作型隱喻

　　動作型隱喻不通過口頭的言說，而是通過肢體語言來表達隱喻的意義，這種表達有激烈的，也有溫和的。這類隱喻通常的作用在於截斷眾人的理路，指示學人返回自心自性，歸家穩坐，又表示不可說，也有勘驗學人深淺之意，含義是

多重的，要根據當時的使用情景而論。

　　激烈型的動作隱喻最著名的就是棒，拿起禪杖或拂子就打，以德山使用的最為典型；相類似的還包括踢、踏等類，如睦州道明禪師為了表示對滯於經義的否定，就用踢之法。他問座主說：「講什麼經呢？」座主說：「講《涅槃經》。」道明又說：「問一段經義可以麼？」於是他以腳踢空，吹一吹。問道：「這是什麼義？」座主說：「《涅槃經》中沒有此義。」道明說：「你這個脫空謾語的傢伙，明明是五百力士揭石義，你卻說沒有。」巖頭全奯禪師有一次和欽山文邃（生卒年不詳）、雪峰義存禪師閒談，雪峰忽然指著一碗水，文邃說：「水清月現。」義存說：「水清月不現。」巖頭一腳踢飛水碗而去，表示超越月現與不現，超越言語分別。

　　溫和型的動作著名的有以手掩口、吐舌、出圓相等。龐蘊居士參石頭希遷時，問：「不與萬法為侶者是什麼人？」石頭以手掩其口。溈山靈祐建議大隨法真 (834～919) 問個如何是佛？法真立即作手勢掩住溈山之口。掩口之喻，暗示了禪的第一義不可說、不可外求之理。圓相則是仰山慧寂經常使用的方法，有時圓相中還寫有不同的字，所含的意義非常複雜，其中包括真理的圓滿性，構成了溈仰宗宗風的重要內容。

3.語言動作結合型隱喻

　　語言動作結合型隱喻，指隱喻的表達，既有語言，也有

動作；或者是先有語言，後有動作；或者是相反，先有動作，後有語言；或者是語言和動作同時。溈山靈祐禪師在百丈懷海門下時，百丈對他說：「你撥一下爐子，看看還有沒有火。」這表面講撥爐火，實際暗喻撥自心光明之火。靈祐撥一下說：「沒有火。」百丈親自起身，深撥爐子，發現少許火塊，舉起來給他看，說道：「這不是火嗎？」意思是說，明明有光明，你卻不能發現。溈山因此而開悟。德山宣鑒禪師在龍潭崇信（生卒年不詳）門下時，有一天很晚了，還在外面坐禪，崇信說：「為什麼不回來？」此問話有應該回家穩坐、回歸自性的含義。德山說：「天太黑。」崇信就點了一支火燭給德山，德山剛想接住，崇信一口將其吹滅，德山大悟。吹滅這個動作暗示了光明來自自心，要靠自心光明掃除內心的黑暗。這是先有語言後有動作的隱喻思維。

德山門下，有一位僧人剛向德山行禮，德山就打。僧人說：「我才開始禮拜，為什麼打我？」德山說：「如果等到你開口說了，不知你要說些什麼。」雪峰義存問德山說：「南泉斬貓究竟是什麼意思？」德山就打，並問他：「明白嗎？」雪峰說：「不明白。」德山說道：「我像老太婆那樣慈悲指示，你還不明白？」這是先有動作後有言說的隱喻式思維。

動作和語言同時的隱喻，道一的做法比較著名，他對問話的學僧邊打邊說：「我要是不打你，大家要笑話我的。」打是表象，他邊打邊說的話也是表象，其實含有禪意。

八、形象思維

　　禪的創造性思維形式之七是形象思維。形象思維是從生活本身出發的思維，以日常生活的事象為表達方式，而不以一般的概念、邏輯來敘述，基於共同的經驗，而要超越經驗和理性，由此激發創造的衝動。

　　在禪的境界中，禪師們常常以生活和經驗的事象來描述禪的精神，這些事象包含了社會、自然之物，為人們所熟知，卻又賦以深深的禪意，而其中的聯繫卻需要以想像、聯想乃至幻想的方式來實現。石霜慶諸禪師門下，有僧人問：「什麼是佛法大意?」慶諸答：「落花隨水去。」又問：「這是什麼意思?」他答道：「修竹引風來。」流水落花、竹林之風和佛法大意有什麼關係?

　　夾山善會禪師門下，有僧人問他的禪境是什麼特色：「如何是夾山境?」他答道：「猿抱子歸青嶂後，鳥銜華落碧巖前」。有僧人問楊岐方會禪師的禪法特色：「如何是楊岐境?」楊岐答道：「獨松巖畔秀，猿向下山啼。」這種景象和夾山禪、楊岐禪有何關聯?

　　有僧人問雪竇重顯：「如何是諸佛本源?」重顯答道：「千峰寒色。」這種蒼涼之境和諸佛本源有何關聯?

　　這都不是邏輯思維能解決的，不是理性能夠解釋清楚的。

有僧人問興善惟寬禪師:「道在何處?」他回答說:「只在目前。」所問的道,顯然是禪道之「道」,所答之目前的「道」,既是實際的道路之道,又有多重含義,體會禪道必須從目前開始,禪道就存在於當下等等,這需要想像。

洞山良价對於其五位偏正的描述,就需要用形象思維方法來理解。比如正中偏,正位(理)中應有偏位(事):「三更初夜月明前,莫怪相逢不相識,隱隱猶懷舊日嫌。」良价以黑喻正,以明或白喻偏,這三句批評人們不知黑中有明,正中有偏。三更、初夜、月明前都比喻黑,但又不是純粹的漆黑,而是隱含著白或光明的黑夜,人們不知此時的黑中之明,所以相逢不相識。又如偏中正:「失曉老婆逢古鏡,分明覿面別無真,休更迷頭猶認影。」失曉、古鏡都指光明,但又不是純粹的明,而是明中露黑,老婆即指白髮老太婆,比喻白。白髮老太婆藉著天黑前的微弱亮光,對著模糊的古老鏡子欣賞一頭白髮,根本看不清真相。比喻只知白而不知黑,只知偏而不知正。

第五章

禪的創造性思維之養成

「我剛剛習禪，乞師指示。」

「吃過粥了嗎?」

「吃過了。」

「洗缽盂去。」

禪的創新具有其特殊的思維基礎，那麼禪的創造性思維又是如何養成的呢？禪宗是自力的宗教，以自力為主，他力為輔；同樣，創造性思維方法的培養，也有這兩種基本途徑。自力途徑最根本的是通過明心見性認識你自己，在此基礎上，還必須有一系列優秀精神素質的作用，比如志、信、精進等，同時必須在具體的修行生活中養成。他力的途徑常常表現為禪師的教育和啟發，不同的禪師用不同的方法開發學人的創造性，常見的有截斷眾流法、隨機輸入法、應病與藥法等等。兩者的結合，禪宗表達為「啐啄同時」，啐是母雞抱蛋孵小雞時，蛋中的小雞欲出殼，從裡面想破殼出來，這是創造的衝動；啄是母雞啄破蛋殼幫助雞雛出來，對創新的輔助。內啐外啄同時相應，雞雛得以出殼。如果子啐而母不知，母啄而子不應，也無法成就真正的創新。禪的創新也是如此，必須有自力之因和他力之緣的和會。

一、 明心見性

創造的開端，創造性思維的開端，實際上是從明己，即認識你自己開始，這裡有兩方面的含義，一是認識你自己的心性，二是認清你自己的根性。明心見性是什麼意義？這是對於根本的開發，根本既通，具體的方法就可以靈活運用。如大慧宗杲在《宗門武庫》中所說：「得之於心，應之於手，

皆靈然心法之妙用也。故有以破麥也即為其磑，欲變米也即為其碾，欲取麵也即為其羅，欲去糠也即為其扇，而規模法則，總有關棙。消息既通，皆不撥而自轉。」得心應手就是這個意思，從根本上解決了本原性、方法論的問題，那麼具體的做法就非常自如，就比如稻子麥子有了收成，下面的問題就好辦了，如果要脫粒，自然可以用磑子，如果要磨成麵或出米，自然可以用碾子先碾，然後，或用羅篩去麥麩，或用風扇搧去米糠，總有方法可尋。問題在於對心性根本的認識。

1.如何認識自己的心性

所謂心性，也就是人的本性，人的本質可以追溯到心，心的本質可以追溯到性，即人內在的不變的共性，代表人的最深層的真實本質。心性論要追問的是我本質上是一個怎樣的人？在實際生活中，人與人的生存狀態和生活方式雖然可以歸納為幾個不同的階層，涉及到具體的人，又有更大的差異性，但這都是表面現象而已，實際上，就人的本質看，人同此心，心同此性，那麼人們心中的共同本性是什麼呢？總結禪宗的看法，有三層意義：

(1)從淨和染的比較看，人人本來具有清淨之性，本淨。

(2)從覺和迷的比較看，人人都有覺性，本覺。

(3)從智和愚的比較看，人人都有智性，本智。

如何認識自己的心性？就是要認識到自性的這種本淨、

本覺和本智。歸結到創新的問題上來，要認識到人人都有創造的能力，人人都有創新的可能性和基礎，人人都可以有創造性思維。明己，認識你自己，首先就是要認識到這一點，這是最關鍵之處。如果不能正確認識自己，不識自家寶藏，不能充分發揮本有的創造潛能，就如同雪峰義存所批評的那樣：「臨河渴死人無數，飯籮邊受餓人如恆河沙。」守在河邊不知哪裡有水而渴死，守在飯籮邊不知飯在何處而餓死。

本　淨

　　指人心本來清淨無汙。敦煌本《壇經》記述惠能的話說：「世人性淨，猶如清天。」清淨的本性就如同萬里無雲的晴空，沒有任何汙染。清淨的心性體現了創新的理想基礎，這種清淨代表了沒有不恰當的思維習慣的汙染，沒有不良的心理因素的汙染，沒有不良的精神狀態的汙染，一切妨礙創新的不利因素都不存在。這講的是心性之體的方面，從心性的用的方面看，這種清淨心性具有決定萬法的功能，一是「含」萬法，二是「化」萬法。

　　心性包含萬法，這種「包含」，惠能比喻為如同虛空包含天地萬法那樣。心性也有這樣的虛空本性，廣大無邊，包含一切。心性又能「化現」萬法，心生種種法生，心滅種種法滅。

　　這對於創新有什麼意義呢？心有多遠，思想有多遠，事業就有多遠；心有多大，思想有多大，事業就有多大。沒有

一個創造的衝動，就不會有創造的行為，更不能有創新的事業。人的心性就有這樣的能動性。

心性的這種「含」「化」作用，實際上包含了善法和惡法，惠能說：「虛空能含日月星辰，大地山河，一切草木、惡人善人、惡法善法、天堂地獄，盡在空中。世人性空，亦復如是。」為什麼清淨的心性為緣起有善有惡、有染有淨的事物？這涉及到另外一個理論問題，稍後再討論（見本小節結語對如來藏的討論）。這裡要重申的是，禪的創新，禪的創造性思維，其價值指向是善，這是和佛教的基本原則一致的，這一原則就是：「諸惡莫作，眾善奉行，自淨其意，是諸佛教。」如何指向善，惠能說：「思量惡法，化為地獄；思量善法，化為天堂。」心要向著善的方面思量，才能創造出善的事業。所以，在討論禪的創新時，不能脫離了禪所倡導的為善去惡的人生觀。

本　覺

指本來具有覺的本性。這可以從兩個層面討論，一個是本有覺性，二是本有佛性。實際上兩者並沒有很大的區別。覺有覺察、覺悟兩層意思，覺察指了知事物的真相，特別是了知自己內心的煩惱障礙之所在，覺悟則是從愚昧、迷執的狀態中覺醒過來，如同從夢中醒來。同時，佛教中「佛」的這一核心概念，也是覺的意思，包含了自覺、覺他、覺行圓滿三層含義，釋迦牟尼被尊稱為「佛陀」，就是達到三層覺義的覺者，在這個意義上，本覺就有「眾生本有佛性」的意思，

而這一點正是禪宗一再強調的「眾生即佛，佛即眾生」、「即心即佛」論。

佛是覺悟的眾生，眾生是沒有覺悟的佛。迷則佛眾生，悟則眾生佛。馬祖道一禪師還講「非心非佛」，這是從教學方式的靈活性方面而說的，對於執著於「即心即佛」而成障礙的人，為了破執而講「非心非佛」。這些觀點都指示了眾生成佛的可能性和內在的依據，禪宗還進一步說明眾生定能成佛，做出了成佛的承諾。不是一般地講眾生有佛性、眾生成佛，更講「一闡提人都有佛性」，定能成佛。

這種佛性論是禪宗和傳統佛教的一個重要的區別之處，傳統的佛教講佛在自性之外，成佛是要成就像心外那樣的外在的佛，而禪宗講佛就在自心之中，每個人心中都有自己的佛性，這是自己的無盡寶藏，只有自心的佛對於自己的成佛才有真正的意義，所以在修行上，禪宗都要強調「發明本心」、「歸家穩坐」。從學術的爭論看，著名的學者呂澂先生(1896〜1989)認為心性本淨是印度佛教的特點，心性本覺是中國佛教的特點。但這並不是說中國佛教就不講性淨，實際上禪宗是在性淨的基礎上講性覺；如惠能說的「自性常清淨，日月常明」就是這種意思，日月代表光明，而光明在佛教中比喻人的真如、佛性、智慧等等。

這種本覺論對於創新和創造性思維有何意義呢？這實際上揭示了人人本來具有創新的能力，都能達到創新的最高成就。

本　智

指人人都有智慧本性。佛學是智慧之學，禪宗的智慧是般若，即空的智慧，而空這個概念是和佛教的緣起觀相聯繫的，指性空，一切事物都是眾緣和合而成，本性空寂，沒有內在的自性，其自性要從條件方面來說明，所以，空指的也是事物存滅的條件性。依禪宗的觀點，此智就在眾生心中，是眾生本有，惠能說「菩提般若之知，世人本自有之」、「本性自有般若之智」，這種智慧就稱無師智、自然智，正因為是自心本有的智慧之性，所以不是通過他人的教授而得，是自然而有。這有點像孟子講的不學而知的「良知」，是一種先天的智慧本性。

這種說法對於創新有什麼意義呢？首先，這種空的智慧是禪的創新智慧的根本，而從本性上講，人人先天就具有這種創新智慧。

因此，從心性的角度看，每個人都有創新的本性、能力和智慧，都可以有創造性思維，在這一點上，人人平等，並不因為權力、財富、知識、相貌等方面的差異而有所不同。但實際生活世界中的人們為什麼沒有都達到淨、覺、智的境界？禪宗採納了如來藏理論解釋這一問題。如來藏是說，人們本來具有的清淨的如來本性被隱藏在深厚的煩惱之中，不能顯現，不能發揮應有的功能，惠能也說：「人性本淨，為妄念故，蓋覆真如。」什麼是妄念？是和人的貪欲、嗔恚、愚癡

相聯繫的各種虛妄不當的想法。佛教認為，作為一個具體的人，其妄念也是與生俱來的，那麼這不是人性的染淨、迷覺、愚智二元了嗎？荷澤神會曾經引用經典來證明，體現佛教中「本性」特點的，必須具有「常」——即永恆性。佛性是常，只會被掩蓋，而不會消失；自性智慧是常，只會被掩蓋，而不會消失。而人心中的煩惱，並不具有這樣的永恆性特徵，有生有滅，無常無恆。就如同金礦石那樣，通過冶煉，金子越來越純，而雜質越來越少，金性永恆。人們為什麼沒有依本淨、本覺、本智之性而體現出應有的創新能力？也在於各種「煩惱」，包括平庸的精神追求、消極的生活態度、流俗的思維方式（如常態思維、權威崇拜、從眾思維）等等的不良影響，諸如此類的「煩惱」遮蔽了本有的創新能力和創造性思維，而且這種遮蔽往往在人生一開始就出現了，表現為居住環境、風俗習慣、教育方法、思維方式等多方面的不良影響。所以，創新能力的培養必須從孩童時期開始，特別必須從清除其周圍的各種諸如此類的「汙染」開始。

2.如何認識自己的根性

雖然人人具有相同的本性，人人都有創新能力，人人都具有創造性思維的基礎，但由於根性的差異，人們的創新能力會有所不同，創造性思維的表現也有所差異。什麼是根性呢？能生為根，數習為性。也就是說，能夠產生善惡者叫「根」，

善惡的具體表現叫「性」。從創新的角度說，能夠產生創新的
基礎是根，創新的具體表現程度是性。與此相似的概念是「根
器」，根表示生長的基礎，器則比喻器物容納物體的大小；有
時直接簡稱為「根」，又稱「根機」。這組概念所要表達的意
義是指人受到先天和後天諸因素複雜作用而形成的人在學
習、認知、實踐能力和素質方面的差異性，佛教把這種根性
一般區分為上中下三類，稱上根眾生、中根眾生、下根眾生，
比上根還優秀的，則稱上上根，或「出格的人」。或者區分為
利根和鈍根眾生；能頓悟自心佛性者，是利根眾生，如圓悟
克勤在〈示許庭龜奉議〉的信中所說，「在利根上智之人，一
聞千悟不為難」，鈍根者則大多指漸悟自心佛性者。禪宗中那
些創宗立派的禪師，多是上根器人。從教育者的角度講，禪
師特別注重當根對機，如大慧宗杲所說，「隨眾生根器所宜次
第開演，令其各各聞法解悟，出離生死」，比如說臨濟的四料
揀就是如此針對不同根器的教育方法總結。從每個人自己而
言，則要瞭解自己何根何機，這對於清晰地評估自己是極為
重要的；不同能力的人，在這種評估基礎上做到最大程度的
創新，高估或低估都是不恰當的。低估者自信心不足，沒有
充分發揮自己的創造性；高估者則超出了能力的限度，往往
心有餘而力不足，適得其反。對於大多數人來說，對自己根
器的這種瞭解是要通過禪師的勘驗才能知道的。雖然如此，
禪宗並不對鈍根者有絲毫的歧視，仍然尊為菩薩，所以有「鈍
根菩薩」、「利根菩薩」之說，因為鈍根者也有佛性。

二、立志立信

明心見性強調創新的基礎條件，既有根性基礎，又要瞭解根器類型，除此之外，有許多非智力、非根器因素，也決定了創新能否成功，能否發揮創造性思維。這包括了是否具有志和信，是否具有精進的精神等。上根器者如果沒有精進心，下根器者如果沒有自信心，都無法進入創造性思維的狀態，都不能有所創新。據《黃龍慧南禪師語錄》，黃龍慧南講過一段話，大致包含了對這些精神素質的要求：「夫出家者，須稟大夫決烈之志，截斷兩頭，歸家穩坐，然後大開門戶，運出自己家財，接待往來，賑濟孤露，方有少分報佛深恩。若不然者，無有是處。」他講的是出家修道的方法，實際上也是在講禪宗的創新之道。首先要立大丈夫志，同時要掌握正確的方法，截斷兩頭，講的就是中道方法；此外還要有自信，自信自家有財寶，從自己心性上著手，成就了創新事業之後，才有可能造福他人，覺他利他，是所謂「運出自己家財」。

1.立　志

首先講「立志」在創新、創造性思維能力培養中的重要性。這個志，講的是意志、志氣、志向，禪宗強調立志，立

下堅定的志向，下定決心，一定要有所創新，對於創新來說，這是第一要緊之處。有多高的志向，就有多大的創新。禪宗大德門一再強調這個立志的重要性。惠能無相戒中有四弘誓：「眾生無邊誓願度，煩惱無盡誓願斷，法門無量誓願學，佛道無上誓願成。」講的也就是立志問題；黃檗希運禪師講要「下死志」，即有無比堅定的意志；洞山良价強調要有「衝天志」；圓悟克勤說要發「殊勝志」——「大丈夫慷慨特達之志」，據《佛果語錄》，他還舉了這樣兩個例子來說明立志要早、要高：「鶺兒未出窠，已有摩霄志。虎子未絕乳，已有食牛氣。」如雛鶺一樣有凌霄志，乳虎那樣具有食牛氣。《禪林寶訓》載，湛堂文準禪師 (1061〜1115) 對宗杲說，參禪要做到「識慮高遠，志氣超邁」。宗杲說要有「決定志」，強調了志在人生的事業之中具有的決定意義，在《宗門武庫》中，他還舉了保寧仁勇禪師（生卒年不詳）立志創新的例子來說明。保寧仁勇曾向雪竇重顯求法問道，受到重顯的批評，仁勇心中不服，堂儀滿了就抽單，離去前面向雪竇山方向禮拜說：「我此生行腳參禪，道價若不過雪竇，定不回鄉。」他通過參學、創新，後來駐錫保寧寺（在今江蘇省南京市境內），名播叢林，實現其所立之志，宗杲因此而讚嘆說：「人之志氣，安可不立也？」憨山德清 (1546〜1623) 說要發「決定志」和「長遠志」，「決定志」指堅定不移的志向，任何時候都不動搖，無論順境逆境，無論面對何種毀譽是非，不改變此志；「長遠志」指意志力的長久作用，不是「常立志」，心無定的，而是「立長志」，

選定了合適自己根性的正確目標，決定做什麼，就一直堅持下去。長志有無期限？禪師們都說要「以悟為期」，也就是以成就創新理想為期。這樣的觀點可以說充滿了禪宗叢林，這也是禪的創新經驗之一個總結。

2.立　信

其次談「立信」在創新中的重要性，對於創造性思維的意義。

立信有兩層意義，一是樹立堅定的信仰或信念，二是樹立自信心。以信作為趣入禪境界的基礎，《少室六門》中講：「若聞此法者，生一念信心，此人以發大乘，乃超三界。」據《天如和尚語錄》，天如惟則說過：「信為根本，一切佛法由此發生；信為門戶，一切聖賢由此趣入。」這對於創新或創造性思維的養成有什麼意義呢？

首先要對於自己所從事的事業抱持著高度尊敬的態度，只有在這一前提下，才會以信仰般的熱情和創造性的思維投入對這種事業的貢獻中去。信的對立面是不信，是懷疑，如果懷疑你所信奉的對象，那麼創造實際上也就缺乏了意義的動力，人生就會陷入困惑之中。所以，立信，禪宗又表述為信而無疑。宗杲稱為決定信，決定無疑；決定信，也是強調不論遇到任何情形，不論是順是逆，都不改變其信仰，不起疑心。這個疑和作為禪的創造性思維形式的懷疑性、批判性

思維是從兩個不同層面上講的，一個是從世界觀的根本層面，一個是從創造性思維的技術層面。

　　其次要確立對於自性的信心，信個什麼呢？信自心本淨、本覺、本智，本來具有創新能力，具有創造性思維的基礎，能夠實現創新的理想，達到創新的最高境界。如果對於自己的創新能力沒有一點信心，連自己都瞧不起自己，創新何以可能？所以臨濟義玄說：「少信根人終無了日。」問題恰恰就在此處，許多人根本就沒有這種信，所以空過一生，如惠能所說：「少根智人，若聞法，心不生信。」創新能力表現不出來的人中間，根器一般的人占大多數，惠能認為根本的原因是因為他們不能產生真正的信，不信自心佛性，不信自己也有創造的能力。據《臨濟語錄》載，義玄也指出了這一點：「如今學道者不得，病在什處？病在不自信處。」不自信的結果會怎麼樣呢？自己心中沒有一個真正的見解，別人說什麼，就信什麼；別人怎麼想，也跟著怎麼樣；別人怎麼做，也跟著模仿，不能從自身特點出發提出意見，義玄稱為「茫茫地徇一切境界轉」，「不得自由」。被他人、流俗、流行乃至邪見、惡見牽著鼻子轉，不能自主地思想，還有什麼自由可言？還有什麼創新可言？

　　立志和立信兩者的關係，宗杲在〈示妙智居士〉的信中說，志比信更重要：「無決定之志，則無決定信矣。」立志之後，信又有其獨特的作用。立志，是創造性事業的開始；而立信，則決定了從事創新的有效方法。

三、修行養成

　　禪的創新能力或創造性思維的自力養成，非常重要的方面是從修行實踐中養成。在修行中不斷探索，可能會經歷不斷的失敗，經歷迷惘、苦悶，但結合禪師的他力教學，往往就能成就創新。綜觀禪的創新史，可以說都是在修行中實現的，因此，創新不是虛言空談，而最終是要落實在具體的行動之中；志、信確立之後，關鍵就在於如何做，這可以稱之為「做中學」❶。修行養成的一個總原則，是精進原則，這也是非智力的精神素質，在此基礎上，則有許多具體的修行方法，比如禪定的方法、行腳的方法、公案的方法、讀經的方法、提問的方法、懷疑的方法等等，不一而足，這些方法，有些在前文中有所提及，這裡雖然提出的角度有所不同，但限於篇幅，不再專門討論。

1.精進中養成

　　精進就是努力不息，又稱為勤。中下根人可能會犯不自信的毛病，要改正這一缺點，重在建立自信以養成創新能力，

---

❶　當代世界大腦科學界對於兒童創新能力開發的一個研究術語，
　　也是「做中學」。

在此基礎之上，努力精進。而上根器人也有不足，常常不能精進，虛過人生，要改正這一缺點，亦重在精進心的培養。

　　對於精進的重要性，禪師們一再強調過。惠能說：「努力修道莫悠悠，忽然虛度一世休。」大珠慧海說：「莫求一世虛名快樂，不覺長劫受殃，努力努力！」禪師們特別強調精進要從當前一刻立即做到，不要等到人生臨終，回首一生，才想起一事無成，該做的未做，該做得更好的未做到更好，這時才想要精進，此生事實上已經來不及了，只能作為教訓留給後人。所以百丈懷海要求從「如今」就做起，寶峰惟照禪師（生卒年不詳）要大家思考：正當今日，你應該怎麼辦？人生短暫，雪巖祖欽 (?～1287) 說要抓緊有限的時間，乘年輕力壯時加緊做這件事，據《禪關策進》，他說：「時不待人，轉眼便是來生，何不乘身強力健，打教徹去？計教明白去？」「打教徹」、「計教明白」，也是指要明白禪的創新的基本原理。

　　如何精進？依黃檗希運的觀點，精進必然是非常艱苦的努力，要花一番苦功，不是輕鬆之事，「不是一番寒徹骨，怎得梅花撲鼻香？」正是他的名言。圓悟克勤舉例說，精進就如同欠人家二三百萬貫錢，擔心還不清，又有還錢的誠意，但只要有此誠意，不愁還不清。又如同母雞抱蛋，必須暖氣相接，中間不能間斷，如有間斷，十年也不成。也就是說，精進既要有誠心，也要有恆心。天目中峰禪師說過精進修行的許多個「最要緊」：最要緊是把得住；最要緊是放得下；最要緊是不隨順境、逆境轉；最要緊是做得主定，立得腳牢；最

要緊是耐得枯淡，守得寂寞；最要緊是識得眼前破，不被世間一切境界迷惑；最要緊是寒不思衣，飢不求食，眼不隨色，耳不逐聲；最要緊是一個身心如鐵橛子，不受一切禪道佛法穿鑿；最要緊是如果不悟，就決不會生起第二個念頭。這都是精進的「最要緊」的方法。對於一般根器的人來說，下苦功尤其是重要的，俗話說「笨鳥先飛」，也有此理；玄沙師備對此類人特別強調勤苦忍耐，下一番艱苦的功夫，必須「日夜忘疲，如喪考妣相似」。

當修行到了一般認為的最高境界，到了無用心處，百尺竿頭，大家都認為已經到了創新的盡頭，無事可做了，精進的不同境界區別在此就體現出來了。玉琳通琇禪師 (1614～1675) 曾比較了古代禪師和他所處時代禪師的創新之不同，依他的意思來解釋，古代禪師經常有重大的原始創新，這種創造的影響往往是「一面瞥地，耀古輝今」。而後來禪師的創新，只是局部性的小創新，「今日有些會處，明日有些會處」。今天有些小小的收穫，明天也許會有一些小小的收穫，但在根本問題的創新上，還是不如古人，雖然發心不比古人差，參禪不比古人差，刻苦也不比古人差，一直精進到「無用心處」也不比古人差，那麼是差在什麼地方？在於古人到無用心處絕不望崖而退，而是百尺竿頭更能進步。後人的超越精神不如古人，古人能夠在無用心之處求出路，百尺竿頭求進步，不斷超越，才有不斷的創新。所以對於精進的更高要求，必須和超越相聯繫。

2.禪定中養成

　　這裡的禪定，特指俗稱的坐禪，即依規定方法修習的禪修方法。北宗並不否定坐禪，弘忍門下講看心看淨，對於初習禪定的人，又主張向自己心中看一個字，有修證的人坐禪時，在高山露天裡坐，向四邊遠看，放寬身心；神秀則是「禪燈默照」。實際上禪定對於人的生理、心理的調節都有獨特的積極作用，同時對於人的直覺思維的開發更有其獨特的作用。

　　從歷史的角度看，釋迦牟尼實際上是在禪定時證得真諦，成就他對於佛法的根本創新。在此之前，他依快樂主義和苦行主義的方法修行，都不能達到悟的境界，而在不苦不樂的中道原則指導下，在禪定中才實現解脫。菩提達摩被稱為「壁觀婆羅門」，他的面壁修行實際上也是禪定，在禪定中成就對於禪法的根本創新，奠定中國禪宗的基礎。

　　在禪定狀態下，直覺思維等創造性思維形式有一個非常活躍的階段。人類的思維形式，理性常常用於證明，直覺常常用於創新，而直覺的狀態在平常是很難顯現出來的，所以一旦呈現，往往就有所創造。人們的思維，常常呈現感性、知性和理性的形式，人們所受的思維訓練，特別是「科學」的思維，也多是邏輯的、理性的，分析、綜合、推理、類比、演繹、歸納等等，這類思維在人類的意識世界來說，只是如同露出海面的冰山之一角，而經常性的常規性邏輯思維訓練

和運用，也會逐漸淡化甚至遮蔽直覺思維的能力。現在的大腦科學已經可以在較大程度上知道思維的工作原理，腦是思維的生理基礎，思維是大腦的機能。大腦工作區可以區分為創造的半腦（右腦）和邏輯的半腦（左腦），用通俗的說法，大腦神經元之間，當有生物電流通過時，就形成思維的通路，人們日常的思維習慣使得大腦中生物電流的通路也有著慣常的路徑，所以想問題老是那幾個思路，邏輯半腦使用較多而創造半腦使用較少。而在禪定的不同層次，通過調身、調息、調心的訓練，心的寧靜排除了慣常思維方式的干擾，也排除了各種雜念，這種境界就是禪宗常講的心如虛空，晴空萬里，在這種寧靜虛空的精神空間，生物電流的流動也會破除平常的路徑，在一些新的路徑中自由通過，過去從來沒有聯通的神經元之間可能會被溝通起來，這樣，創造性半腦的思維的潛能就會被激發出來，在這種禪定的境界裡，聯想、靈感、直覺、頓悟都會無預期地產生。

3.行腳中養成

禪定是靜的方法，行腳則是動的方法。所謂行腳是指遊走各地，參訪高僧，求師指點。禪宗本質上講是反對外求的，也反對橫擔柱杖到處遊方，強調回家，不要「拋卻自家無盡藏，沿門托缽效貧兒」，所以經常有批評行腳的禪話。參禪應當是參究自性，但是在實際的修學之中，上根利根者可以參

自己心性而達到悟的境界，大多數人還是在行腳中受啟發點撥而開悟的，自己的眼看不到自己的鼻子，自己存在的問題常常自己不清楚，需要借助他人這面鏡子才能看清。所以禪宗史上留下了大量行腳參訪並開悟的例子，比如雪峰義存禪師曾三度參投子大同禪師，九度上洞山，因緣不相契。後來聞說德山宣鑒的禪法特色，又參德山，在德山門下開悟。行腳是親近善知識，善知識是功業成就之人，也是有創新能力和成就的人。在行腳中，也許對某位善知識所說的話當時未能領會，但已留在心中，成為種子，不知何時會起作用，一旦有所明白，會感覺到原來禪師所說不謬。但是行腳有一個前提，就是必須已經有所思考、有相當深厚的基礎，但卻得不到真實的答案、無法解決，這時再外出行腳，收穫的可能性就更大。因此行腳養成法實際上構成禪宗創造性思維養成的一個重要經驗，這是在參訪學習和交流中尋求啟發的方法。

4.在平常中養成

這一養成方法來自禪宗的平常心是道。平常心針對的是「不平常」的觀念，比如說，分別心之類。禪師們經常說個「穿衣吃飯」、「遇茶吃茶，遇飯吃飯」之類的話，描述平常心的表現形式。禪門中的「無事」、「無修」也和平常心有相似的含義。平常心是道說明了這樣的創新原理：創新可以在平常的事物中實現，而不必要刻意追求某些特殊的條件、執

著於某些特殊的領域，在現有的普通條件下實現創新，在一般以為不存在問題的地方發現問題，在以為已經非常完美的地方實現超越，其實就是最可貴的創造。實際上很多的創新就是在人們習以為常的日常生活、平常狀態中實現的突破。

5.在公案中養成

參禪的方法中，禪宗發展出了公案參究法，從參究自心到參公案是禪的一大變化，從某種程度上反映了禪的原創衝動的減弱，但作為創新能力的養成方法來說，這也不失為一種重要的方法。禪宗將其稱為「無門關」，通過這一關口，就意味著對於創新的突破，正如《禪宗無門關》中所說，「透得此關，乾坤獨步」。但公案體現的關口又在什麼地方？並沒有一個有形的「門」，也就是說並沒有一個明確的答案，需要人們用創造性思維去體察。所謂公案，從創新的視角看，其實是禪宗史上留下的創新案例，經過禪宗的淘洗，選擇出了一批這樣的案例，有機鋒來往，有開示心要，有完整的故事，有開悟的經過，不一而足，都是創新經驗、創造性思維的典型化和經驗積累。參究這樣的公案，其實是在研究前人的創新經驗，參透某種公案，其實也是找到了自身的創新模式，對照自身的實際狀況之後，是模仿創新、是在承繼的基礎上有所發展，還是批評基礎上的否定，實際上就會找到相應的答案。對於禪宗史上的很多人來說，參究公案成為創新的重

要培養方法，核心之點在於對已有經驗的關注。比如說「趙州洗缽」公案，有新到僧人問趙州從諗：「我剛剛習禪，乞師指示。」趙州問道：「吃過粥了嗎？」僧人答：「吃過了。」趙州說：「洗缽盂去。」僧人有省。參這樣的公案，能參出個什麼道理來？趙州指示的是什麼意思？那僧人又悟個什麼？可能有這樣的意義：平常心是道，禪是生活。喝粥吃飯就包含了禪的參修，喝完了粥，自然應該自己洗碗，這是很自然、平常的事。禪也就是這樣自然、平常。結合到創新，也就是有「平常中養成」之意。這類的話禪師是不會明白說出來的，他只是暗示、隱喻，激發你自己的體悟。

四、截斷眾流

　　以上從自力養成角度談到一些常見的養成方法，從他力養成的角度看，禪宗也有多種方法，集中體現為禪宗的教育方法，基本精神是依「時節因緣」而有針對性地進行。不同的禪師有不同的方法和風格，體現出宗風的不同，這裡提出截斷法、隨機法、應病法等幾種代表性的方法加以討論。
　　截斷眾流法❷，是禪師通過各種獨特性的有效方法，當

---

❷　西方的創新方法研究中，有一種為中斷法 (the discontinuity principle)，但與禪宗的截斷眾流法並不相同，它只是中斷常態的工作、生活、行為方式，相當於禪宗中的思維放鬆法。

下阻斷學人不利於創新的習慣思維、常規思維、流俗觀念、知解情執之類，在心靈產生強烈的震撼，促進思維方式的反省和改進，從而導向創造性思維。所謂習慣性思維是一個人在成長過程中由於不同的背景而形成的經常使用、善於使用而且運用得非常熟練的那一類思維。一個人如果是學工程出身的，他的習慣性思維往往是工程思維；一個人是學經濟學出身的，他的思考習慣於經濟學的方法，很難想到去換一種思維方式。常規性思維是一般的思維活動中最常使用的，比如邏輯思維就是常規性思維的一種，經常陷於常規性思維的人不一定習慣於運用非常規性的思維方式，比如直覺、聯想、靈感、隱喻等等，常常以為這不是常態思維方式而不予重視。流俗觀念是在某一個時期流行於世的各種觀念，容易形成一種思維定勢。知解情執是由於分別心而形成的見解，並且執著此種見解不放，以為心要。這些思維之流，一概被禪師當下截斷。截斷的方法包括動作、語言和動作語言結合三類，既有激烈的，也有綿密的，這裡僅簡要分析棒喝截斷法和奇特語截斷法。

棒喝截斷法是以行棒施喝的手段截斷眾流。禪宗呈現的一種景象是棒喝交馳，前文有所敘述。雖然叢林中有德山棒、臨濟喝之稱，但行棒施喝並不限於德山、臨濟兩人，而是禪門普遍運用的一種教學手段，叢林中甚至有「棒喝禪」之說，只是德山之棒和臨濟之喝疾如雷電，最為典型。棒喝的作用就在於接引時的「截斷」，用非常激烈快速的手段，在學人意

想不到的情形下，忽然截住其常規思維和流俗見解，截斷思量計較、聰明靈利，剿絕凡情，促使其在無法「擬議」、「追思」情境下，而有創造性思維的猛然閃現，從而實現開悟。興化存獎禪師在未開悟前曾到南方行腳，誇口說他的禪杖沒有撥到一個會佛法的人，後來被魏府大覺禪師（生卒年不詳）痛打一頓而悟，說道：「我今日知道吾師（義玄）在黃檗處為什麼三度被打了。」這種他力的輔助，如同馭良馬之鞭，其激烈之程度，又如同烈火，近之則面門被燎卻，所以常人往往難以承受。

　　奇特語截斷法是用特殊的禪語表達來截斷眾流。前面談到奇特語包含了隱喻的作用，從截斷的功能看，奇特語又有截斷眾流的作用。奇特語雖不如棒喝激烈，但內含機鋒，有的宗派門下要求奇特語機鋒的來往必須非常快速，防止常態思維的介入，要在類似於「下意識」或「潛意識」的作用層面回答或解決問題。前文談到了奇特語的六種類型，還有一種獨特的類型是雲門宗常用的一字法，以一個字回答學人的提問（詳見本書第一章第四節第三小節之相關說明），這更是體現了語言的截斷作用。

五、隨機輸入

　　隨機輸入（random input）是借用的概念，這是指禪師在

實行教學時，並不刻意依固定的時間、地點、方式進行，沒有事先的提問的準備，而是根據不同的時節因緣、時空條件，隨時進行情境式教學，點撥學生，而這些情境下往往是學人的意識放鬆狀態，突然一受激發，常常會引起創造性思維的爆發而開悟。

這種方法最典型的例子是「百丈野鴨」，這是馬祖道一藉和百丈懷海一起師生散步時看到的野鴨子而施教。同樣是馬祖，他在和百丈懷海、西堂智藏、南泉普願三人賞月時，就以此為契機，指著月亮向三位提問：「正當這樣時應當如何？」西堂智藏說：「正好供養。」百丈懷海說：「正好修行。」南泉普願則拂袖而去。這種提問對於三人來說也不是在計劃中的，而是隨機設問，而三人的急智反應也體現出了不同的特色。

雪峰義存搬柴的時候，在洞山良价面前拋下一束，良价問：「重多少？」雪峰說：「整個大地上的人都提不動。」良价問：「既然如此，怎麼到這裡的？」雪峰無言以對。良价以雪峰搬柴為機緣，和其討論禪法。

法眼文益在參地藏桂琛時不悟，冒雪辭行，地藏送他時，順手指著門口的一塊石頭問道：「你平常老說三界唯心，萬法唯識，你認為這塊石頭在你心裡還是心外？」文益順嘴答道：「在心裡。」地藏說：「你這個行腳僧為什麼要放一塊石頭在心裡呢？」文益聽後，頓時窘得無言以對，隨即放下行李，請求留下來。地藏隨機地以一塊石頭為機緣而設問，勘驗出文益存在的問題，心中像石頭那樣沉重，放一塊石頭在心裡正

是一語雙關，讓文益頓時意識到自己的問題之所在。

　　有時候，並不是禪師在隨機性地施教，而是事物本身的某種機緣激發了學人的創造性思維，導致其開悟。有禪僧聽到寺院的鼓聲時會受激發而悟，看到桃花開會開悟，有的在樓上久坐，抬頭看到陽光而悟，這就是「無情說法」，山河草木等無情物也呈現說法之機。

六、大腦風暴

　　大腦風暴 (brainstorming) 也是借用的一個概念，形容禪宗在培養人的創新能力和創造性思維時，常常通過集體的共同討論，提出大量的問題，流通大量的信息，交流大量的經驗，相互激發，教學相長，從而給學人以密集式的思想啟發。

　　在這種集體共同參學、研究討論的場合，有時是各學人發問，有時是禪師發問。問答之間，充滿著禪師根據不同根機者的不同接引。在法堂上，學人的提問連續不斷，這個提完那個又接著問。以雪竇重顯的一次上堂為例，可以看學人是如何提問，雪竇又是如何回答的。有一僧人問道：「什麼是翠峰境？」重顯禪師答：「有眼底見。」學僧進一步問：「如何是境中人？」重顯答：「貪觀白浪，失卻手橈。」僧人又問：「什麼是和尚家風？」重顯答：「客來須看。」僧人進一步問：「這樣的話我也可以看得到啊。」重顯說：「你要三十年後才能看

到。」另一僧人問:「如何是第一義?」重顯答:「道士倒騎牛。」僧人不明白,又問:「乞師方便。」重顯罵道:「無孔鐵槌。」

　　這些基本上是常規化的問題。「翠峰境」是問重顯的禪法特色有何創新之處,重顯當時駐錫蘇州翠峰寺,所以稱其為翠峰。「和尚家風」要問的是重顯的宗風特點,有何獨創之處。「第一義」指禪之道,這是不可說的,所以重顯用「道士倒騎牛」的奇特語來回答。但僧人不明白,希望重顯用方便方法說得再直接一點,所以重顯罵他笨,像個沒有孔的鐵槌。

　　另一位僧人又問:「道遠乎哉?」重顯答:「青山夾亂流。」僧人以答為問:「那麼就是聞於未聞了。」重顯說:「離開了千里萬里。」這一批的問題基本上沒有什麼新意,屬於鈍根之問,重顯不是很滿意,所以他對這場討論作個總結說:「大家一起前來共同酬唱,自己也應該是個漢子才行,如果沒有奔流度刃的眼光,就沒必要把問題在這裡提出來了,為什麼呢?我的禪法就像大火炬,你們這樣的提問,一靠近就會被燒掉面門,我的禪法像鋒利的太阿劍,你們一近前就會被傷著性命。」這實際上是以激烈的語言鼓勵學人精進修行。

　　另一方面,在這一場合是禪師的不斷提問,以此來檢驗學人的開悟情形。同樣舉重顯的例子,他問一禪僧說:「從什麼地方來的?」僧人反問:「和尚您問誰?」他說:「我問你。」僧人卻說:「為什麼不答話?」重顯說:「我今日受挫折了。」這一問題表面上問來處,暗機是問心性,被僧人看出機鋒所在,重顯肯定了他的悟境。他問一新到的僧人:「闍黎名什麼?」

僧人說:「宗雅。」重顯說:「『雅』就不說了,什麼是『宗』?」僧人不知如何回答。重顯說:「限你三日內答出來。」於是僧人不斷地說出答案,重顯都不認可。僧人說:「我的見解只是這樣了,您怎麼看?」重顯說:「你為什麼不問我?」僧人剛想問,被重顯連打幾下。重顯就像這樣不斷的勘問。大凡禪師都有這樣勘問的功夫,問的對象往往是一個或幾個人,聽的卻是一批人,禪師提出一問題時,其他在場的人心中其實也在尋求答案。

在這樣集體性的頭腦風暴活動中,有些在一個人苦苦深究多時而未得答案的學人,此時往往會受到激發而得到答案。雲門文偃禪師在雪峰義存門下時,聽到雪峰和門人的機鋒對答而悟。有僧問雪峰什麼叫「觸目不會道,運足焉知路」?雪峰答道:「蒼天!蒼天!」提問的僧人沒有明白,在一旁的文偃卻一聽而悟。天臺德韶禪師在法眼文益門下的開悟也是如此,有僧人問文益:「如何是曹源一滴水?」文益用重複法回答說:「是曹源一滴水。」提問的僧人沒能理解,憫然而退,坐在文益邊上的德韶卻豁然開悟。更多的情形是問話者當下開悟,「言下有省」或「言下大悟」。

七、應病與藥

人的本性相同,但根器有異,在實施教學時,禪師就要

考慮到針對不同根機的教學對象而施以不同形式的手段，在語言、動作、問話、答語、內容深淺方面都相應變化，以啟發學人自己的創造力、創造性思維，禪宗有時稱此為「逢場作戲」、「隨波逐浪」。另有一句經常被提起的話，「路逢劍客須呈劍，不遇詩人莫獻詩」，講的就是如何應機。禪門中的頓漸，其實就有這樣的針對性，如惠能講迷人漸修、悟人頓契；根性慧利的可以頓入，根器中下的，可以漸入，這只是個遲和疾的問題。臨濟宗的四料揀、四照用也都是應機針對性方法施設，法眼宗的宗風，就包括了「對病施藥，相身裁縫，隨其器量，掃除情解」的特點：有什麼病，開什麼藥；是什麼身材，裁什麼式樣的衣服；什麼樣的根器，去除其什麼樣的執著。遇到上根器人，就是「作家相見」，即高手相見了，對方的機鋒，暗含的禪意，都能相互了知，所謂「隔牆見角，便知是牛；隔山見煙，便知是火」，是臨濟四賓主中的「主看主」。對於中下根器學人，禪師們更多的是使用各種方便法門誘接學人的悟入。這要求禪師具有一眼便能勘驗出學人根器悟性、修學所達層次、執著所在的能力，這才能立即提出針對性的方法，如果做不到這一點，自己心地不明，未得而稱已得，未證而說已證，裝模作樣地引導他人，禪宗稱為「一盲引眾盲」，無法承擔「養成」的責任。當然，這樣的情況有時會被高水平的學人識破，臨濟宗稱之為四賓主中的「賓看主」。這其實也是禪宗的教學經驗，這種教學完全是藝術而非技術，是道而非技，這不屬於知識的灌輸，而是智慧的開啟。

附錄：禪宗世系簡圖

一花五葉：

初祖菩提達摩（？～ 536，一說 528）──二祖慧可 (487 ～ 593)──三祖僧璨(？～ 606)──四祖道信 (580 ～ 651)──五祖弘忍 (601 ～ 674)──南宗六祖惠能 ❶(638 ～ 713)

牛頭禪系：

[道信]……❷牛頭法融 (594 ～ 657)──牛頭智巖（577? ～ 654?）──牛頭慧方 (629 ～ 695)──牛頭法持（635 ～ 702）──牛頭智威 (646 ～ 722)──牛頭慧忠 (682 ～ 769)

牛頭宗玄素系：

牛頭智威──鶴林玄素 (668 ～ 752)──徑山道欽 (714 ～ 792)──鳥窠道林 (741 ～ 824)

神秀北宗系：

[弘忍]──北宗神秀 (606 ～ 706)──嵩山普寂 (651 ～ 739)──西京義福 (658 ～ 736)

---

❶ 法號下加橫線者代表某一禪系的實際創立者。

❷ 方框號 ([]) 表示此禪師是某宗祖師的傳法老師，但不是此宗的直接開創者，刪節號（……）表示兩者的師承關係有傳說的成分。

淨眾宗系：

[弘忍]──資州智詵 (609 ～ 702)──資州處寂 (648 ～ 734)──益州無相 (684 ～ 762)──淨眾神會 (720 ～ 794)

保唐宗系：

[弘忍]──嵩嶽慧安（老安，582，一說 581 ～ 709）──陳七哥──保唐無住 (714 ～ 774)

南宗惠能門下：

六祖惠能──荷澤神會 (684 ～ 758)、南嶽懷讓 (677 ～ 744)、青原行思（？～ 740)、永嘉玄覺 (665 ～ 713)、南陽慧忠（？～ 775）

荷澤禪系：

[惠能]──荷澤神會──磁州法如 (723 ～ 811)──荊南惟忠──遂州道圓──圭峰宗密 (780 ～ 841)

南嶽下洪州禪系：

[惠能]──南嶽懷讓──馬祖道一 (709 ～ 788)──百丈懷海 (720 ～ 814)──黃檗希運（生卒年不詳）

南嶽下趙州禪系：

[懷讓]──馬祖道一──南泉普願（(748 ～ 834)──趙州從諗 (778 ～ 897)

青原下投子禪系：

[惠能]──青原行思──石頭希遷──丹霞天然 (739 ～ 824)──翠微無學（生卒年不詳）──投子大同 (819 ～ 914)

■ 五家（七宗）分燈：

（六祖門下，南嶽懷讓門下發展出南嶽系，青原行思門下發展出青原系，為南宗兩大禪系。後來，南嶽系發展出溈仰宗和臨濟宗，青原系發展出曹洞宗、雲門宗和法眼宗，是為「五家」，臨濟宗又發展出楊岐派和黃龍派，合五家而稱「七宗」。）

溈仰宗：

六祖惠能──南嶽懷讓──馬祖道一──百丈懷海──溈山靈祐 (771 ～ 853)──仰山慧寂 (840 ～ 916)、香嚴智閑（？ ～ 898）

臨濟宗：

六祖惠能──南嶽懷讓──馬祖道一──百丈懷海──黃檗希運──臨濟義玄（？ ～ 867）興化存獎（830 ～ 888，一說 925）──南院慧顒 (860 ～ 930)──風穴延沼 (896 ～ 973)──首山省念 (926 ～ 993)──汾陽善昭 (947 ～ 1024)──石霜楚圓 (986 ～ 1039)

臨濟下楊岐宗：

石霜楚圓──楊岐方會 (996 ～ 1049)──白雲守端 (1025 ～ 1072)──五祖法演（？ ～ 1104）──昭覺克勤 (1063 ～ 1135)──大慧宗杲 (1089 ～ 1163)

臨濟下黃龍宗：

石霜楚圓──黃龍慧南 (1002 ～ 1069)──黃龍祖心 (1025 ～ 1100)

曹洞宗：

六祖惠能——青原行思——石頭希遷 (700～790)——藥山惟儼 (751～834)——雲巖曇晟 (782～841)——洞山良价 (807～869)——曹山本寂 (840～901)、雲居道膺 (835～902)、龍牙居遁 (835～923)

洞山良价——雲居道膺——同安丕（生卒年不詳）——同安志（生卒年不詳）——梁山緣觀（生卒年不詳）——大陽警玄 (943～1027)——投子義青 (1032～1083)——芙蓉道楷 (1043～1118)——丹霞子淳 (1064～1117)——天童正覺 (1091～1157)

雲門宗：

六祖惠能——青原行思——石頭希遷——天皇道悟 (748～807)——龍潭崇信——德山宣鑒 (780～865)——雪峰義存 (822～908)——雲門文偃 (864～949)——德山緣密（生卒年不詳）——文殊應真（生卒年不詳）——洞山曉聰（生卒年不詳）——雲居曉舜（生卒年不詳）、佛日契嵩（1007～1072

雲門文偃——香林澄遠 (908～987)——智門光祚（生卒年不詳）——雪竇重顯（(980～1052)

法眼宗：

六祖惠能——青原行思——石頭希遷——天皇道悟——龍潭崇信——德山宣鑒——雪峰義存——玄沙師備 (835～908)——地藏桂琛 (867～928)——清涼文益（885～958）——天台德韶 (891～972)——永明延壽 (904～975)

參考書目

1. 《傳法寶紀》,〔唐〕杜朏撰,《大正藏》第 85 卷。

2. 《楞伽師資記》,〔唐〕淨覺集,《大正藏》第 85 卷。

3. 《壇經》(敦煌本),〔唐〕韶州法海集記,郭朋校釋,北京:中華書局 1997 年版。

4. 《神會和尚禪話錄》楊曾文編校,北京:中華書局 1996 年版。

5. 《禪宗永嘉集》,〔唐〕永嘉玄覺撰,《大正藏》第 48 卷。

6. 《永嘉證道歌》,〔唐〕永嘉玄覺撰,《大正藏》第 48 卷。

7. 《禪源諸詮集都序》,〔唐〕圭峰宗密撰,《大正藏》第 48 卷。

8. 《中華傳心地禪門師資承襲圖》,〔唐〕圭峰宗密撰,《大藏新撰卐續藏經》第 63 卷。

9. 《圓覺經大疏》,〔唐〕圭峰宗密撰,《大藏新撰卐續藏經》第 9 卷。

10. 《黃檗山斷際禪師傳心法要》〔唐〕裴休集,《大正藏》第 48 卷。

11. 《黃檗斷際禪師宛陵錄》,〔唐〕裴休編,《大正藏》第 48 卷。

12. 《鎮州臨濟慧照禪師語錄》,〔唐〕三聖慧然集,《大正藏》第 47 卷。

13. 《筠州洞山悟本禪師語錄》,〔日本〕指月慧印校訂,《大正藏》第 47 卷。

14. 《瑞州洞山良价禪師語錄》,〔明〕語風圓信、郭凝之編集,《大正藏》第 47 卷。

15. 《撫州曹山元證禪師語錄》,〔日本〕指月慧印校訂,《大正藏》第 47 卷。

16. 《撫州曹山本寂禪師語錄》(卷上),〔明〕郭凝之編集,《大正藏》第 47 卷。

17. 《撫州曹山本寂禪師語錄》(卷下),〔日本〕玄契編次,《大正藏》第 47 卷。

18. 《雲門匡真禪師廣錄》，〔五代〕守堅集，《大正藏》第 47 卷。

19. 《潭州溈山靈祐禪師語錄》，〔明〕語風圓信、郭凝之編集，《大正藏》第
47 卷。

20. 《袁州仰山慧寂禪師語錄》，〔明〕語風圓信、郭凝之編集，《大正藏》第
47 卷。

21. 《金陵清涼院文益禪師語錄》，〔明〕語風圓信、郭凝之編集，《大正藏》
第 47 卷。

22. 《宗門十規論》，〔五代〕文益，《大藏新撰卍續藏經》第 63 卷。

23. 《黃龍慧南禪師語錄》，〔宋〕惠泉編，《大正藏》第 47 卷。

24. 《黃龍慧南禪師語錄續補》，〔日本〕東晙輯，《大正藏》第 47 卷。

25. 《楊岐方會和尚語錄》，〔宋〕保寧仁勇編，《大正藏》第 47 卷。

26. 《宏智禪師廣錄》，〔宋〕集成等編，《大正藏》第 47 卷。

27. 《大慧普覺禪師語》，〔宋〕雪峰蘊聞編，《大正藏》第 47 卷。

28. 《天如和尚語錄》，〔元〕善遇編，《大藏新撰卍續藏經》第 70 卷。

29. 《宗門武庫》，〔宋〕大慧宗杲說，道謙編，《大正藏》第 47 卷。

30. 《人天眼目》，〔宋〕晦岩智昭編，《大正藏》第 47 卷。

31. 《五家宗旨纂要》，〔清〕三山燈來撰，性統編，《大藏新撰卍續藏經》第
63 卷。

32. 《五燈會元》，〔宋〕普濟著，蘇淵雷點校，北京：中華書局 1984 年版。

33. 《古尊宿語錄》，〔宋〕賾藏主編集，蕭萐父、呂有祥點校，北京：中華
書局 1994 年版。

34. 《禪林寶訓》，〔宋〕淨善編，《大正藏》第 48 卷。

35. 《禪關策進》，〔明〕雲棲袾宏著，《大正藏》第 48 卷。

經典禪語　吳言生／著

　　禪宗在表現生命體驗、禪悟境界時，於「禪不可說」中建立起一個嚴謹而閎大的思想體系，而本書正是通向禪悟思想之境的一座橋樑，藉由禪師們的機鋒往返，剝落層層的偏執，使你寸絲不掛，在耳際招架不住的困思之中，體證修行與生活一體化的澄明之境，嗅聞出禪門妙語的真實本性。

經典頌古　吳言生／著

　　禪宗運用了電光石火的公案，以及吟詠公案的頌古來表現其思想體系。頌古的本意，在於使讀者從諷詠吟頌間，體會古則的旨意，是禪文學的一種形式。本書立足於禪宗思想的本意，對吟詠百則公案的頌古進行分析、欣賞，如遊人登山，隨芳草直到孤峰頂上，讓自古以來即喧囂禪林的經典頌古廓然朗現。

經典禪詩　吳言生／著

　　禪宗詩歌是一筆豐厚的文化遺產，從創作主體上來看，包括歷來禪僧創作的悟禪之詩，和文人創作、帶有禪味的詩歌兩大類，本書所探討的即為前者。禪宗詩歌與純文學性的詩歌不同，它的著眼點不在於文字的華美或技巧的嫻熟，而是在於其禪悟內蘊的深邃、豐富；因此，藉由禪詩的吟詠，足以豐饒身心，澄明生命。

何謂禪　鎌田茂雄／著　昱　均／譯

　　生活在現世的人們，在異常忙碌的工作之外，是否忽略了什麼？在五花八門的俗物之中，您又是否知道自己想要什麼？且讓我們暫時拋開俗事的煩瑣，進入禪的世界，安靜地凝視自己的身心，傾聽它們的需求，以體會生命的悠然廣闊。

禪與精神醫學　平井富雄／著　許洋主／譯

　　身心和諧是現代人極需要、但又難以獲致的境地；然而，簡易的坐禪方法卻能產生莫大的功效，讓人心地開明、廓然瑩徹。本書從心理科學的理論來檢視坐禪的奧妙，並從具體的醫療實例及腦波變化來驗證理論，不僅為精神醫學的領域開拓了新風貌，更為坐禪提供了精神科學的基礎。

滿族薩滿教　王宏剛、于國華／著

　　「薩滿」為通古斯語，意為「知曉神意的人」。薩滿教是北方先民以集體力量擺脫蒙昧的一種文化形態，它記錄了人類童年時代的某些精神景觀與心靈發展的歷史軌跡。本書深入「白山黑水」的東北滿蒙地區，為你揭開一幕幕美麗的原始神話，讓你飛翔在薩滿的萬物神靈裡。

改變歷史的佛教高僧　于凌波／著

　　佛教的種子傳入中國之後，之所以能在中國的土壤紮根生長，實在是因為佛門高僧輩出。他們藉由佛經的翻譯及法義的傳播來開拓佛法，使佛教蓬勃發展。當我們追懷魏晉南北朝時代的佛教及高僧時，也盼望古代佛門龍象那種旺盛的開拓精神可以再現，為佛法注入新的生命。

公案禪語　吳　怡／著

　　禪宗在中國哲學史上是一株難得的奇葩，禪語思路之玄妙、技巧之精鍊，已達出神入化的境地。本書從歷史上的經典公案入手，以一條條各具特色的思想理路，揭開禪宗法統上的繼承脈絡；更收錄在日本與《碧巖錄》齊名，但在中土卻早已失傳的《無門關》註解。希望讀者跟隨作者化深奧為簡易的疏解，掌握禪宗思想的精義。

禪與老莊　吳　怡／著

　　本書以客觀的方法，深入剖析中國禪宗的精要思想，強調禪法經印度傳至中國以後，便與本地文化，尤其是老莊思想相結合，發展出各具特色的五家七宗。作者希望本書能夠正本清源，重現中國禪宗的本來面目；並藉由令人琅琅上口的優美文字，以及引人入勝的活潑理路，使讀者攫取中國思想的結晶。

禪骨詩心集　巴壺天／著

　　本書為巴壺天教授論禪、論詩、論學雜文及所作詩稿之輯成。教授一生精神傾注於比興體詩及禪宗公案之研究，晚年會通詩禪，造境獨高，「禪骨詩心」誠為其高妙境界之寫照。書中智珠慧語，俯拾即是；解說深入淺出，化高深莫測為淺顯明白，披卷閱讀，自可感受其中醍醐灌頂的暢快喜悅。

禪思與禪詩
——吟詠在禪詩的密林裡　楊惠南／著

　　不同於一般討論禪詩的作品，只作知識性的舖陳和解析，本書特從《指月錄》、《續指月錄》、《禪林類聚》、《碧巖錄》、《虛堂集》、《徑石滴乳集》等禪宗典籍的禪詩之分類與欣賞入手，盼能從中體悟禪師們的思想內涵，直達其玄妙深奧的悟境。

禪淨合一流略　顧偉康／著

　　禪宗和淨土宗，由合而分、由分而合，幾乎可以涵蓋二千年的中國佛教史。本書從淨禪兩宗的共同出發點開始，從各自立宗到合流互補，分成六期，一一道來。除了分析其合分、分合的過程和依據外，對禪淨合一史上的重點人物和事件，都有翔實的闡述。特別是對永明延壽之「四料簡」的考據，更是此領域的突破性研究成果。

國家圖書館出版品預行編目資料

禪與創新 / 董群著.－－初版一刷.－－臺北市：東大，
 2007
　　　　面；　　公分.－－(宗教文庫)

　　ISBN 978－957－19－2853－1　　(平裝)

　　1.禪宗

226.6　　　　　　　　　　　　　　　　　96010864

ⓒ　禪與創新

著 作 人	董　群
責任編輯	蔡忠穎
美術設計	黃顯喬
校　　對	吳叔峰

發 行 人	劉仲文
著作財產權人	東大圖書股份有限公司
發 行 所	東大圖書股份有限公司
	地址　臺北市復興北路386號
	電話　(02)25006600
	郵撥帳號　0107175－0
門 市 部	(復北店) 臺北市復興北路386號
	(重南店) 臺北市重慶南路一段61號

出版日期	初版一刷　2007年6月
編　　號	E 220900
基本定價	參元肆角

行政院新聞局登記證局版臺業字第〇一九七號

有著作權‧不准侵害

ISBN　978-957-19-2853-1　　(平裝)

http : // www.sanmin.com.tw　三民網路書店